Le Manager 4.x

> *Je remercie plus particulièrement mes trois lectrices premières : Mélina, Bérangère et Sylvie, sans qui ce livre n'aurait jamais été ce qu'il est.*

INTRODUCTION

Cet ouvrage s'articule autour de quatre axes principaux :
- Un état des lieux sur les nouveaux besoins…
- Le « Manager 4.x » et ses outils-postures.
- Manager 4.x et le « Syndrome de la Patte Molle »
- Six recommandations pratiques

La première version de ce livre était axée sur le « Syndrome de la Patte Molle »[1]. Il a été publié en juillet 2014.
Issu de mon expérience professionnelle, il a interpellé de nombreux Managers soucieux d'améliorer leur quotidien et de donner du sens à leur action. Je les remercie ici de toutes leurs interventions et des témoignages qui ont nourri le présent livre.

Mais quatre ans après, il est temps d'actualiser cet ouvrage : les pratiques managériales ont évolué.
D'abord parce que la prise de conscience des organisations sur ce qui est appelé, parfois pompeusement et trompeusement, la « prévention des risques psychosociaux », commence à porter ses fruits.
Aussi, parce que la voix des victimes se fait de plus en plus pressante. Dans l'ensemble, elles sont passées de l'impuissance conduisant au suicide, à l'action conduisant à la Justice et à la réparation.
Ce qui ne veut pas dire qu'il n'y a plus de suicide en entreprise : certains secteurs trainent derrière eux de sinistres réputations. De puissants lobbies tentent encore de freiner la mise en lumière de la responsabilité des organisations dans les conséquences létales de certaines formes de management. Mais des voix s'élèvent un peu partout en Europe et dans le monde pour passer à une « autre chose » digne du XXIe siècle, à hauteur des besoins des « Entreprises 4.0 ».

---

[1] Éditions amazon.fr

Ce dernier point nous amène à considérer que les pratiques managériales ont évolué parce que les besoins des entreprises ont changé. Et ceux-ci ont changé sous la pression des infléchissements des attentes clients : c'est essentiel et nous allons y revenir.

« Le Manager 4.x » nous dit que le « petit Chef » se meurt, et que tenter de le faire perdurer est une hérésie improductive, un gâchis extraordinaire d'intelligence et surtout de compétences. Nous avons besoin de Managers à la hauteur des enjeux de ce siècle, car nous avons cruellement besoin de compétences !
Management et compétences sont intimement liés.

Le diagnostic est clair et sans appel : sans les soins appropriés, l'entreprise touchée par ce que j'ai appelé « le Syndrome de la Patte Molle », périclite, perd des compétences, se sclérose, et finit par mourir, rachetée à moindres coûts par la concurrence, ou mise en faillite par la justice.
Le besoin d'un management nouveau n'a jamais été aussi grand dans les entreprises, et les Chinois comme les Indiens, les Coréens, et les Sri-Lankais commencent à s'en apercevoir. Les revendications, mais surtout l'appétence, la soif de ces populations pour d'autres formes de gestion et de relations de production, bousculent les certitudes et les habitudes nées au XIXe siècle dans la révolution industrielle. Et jamais – ou très peu – changées depuis.

Nous sommes au XXIe siècle, et les attentes des populations se nourrissent des espoirs nés de la révolution numérique.
Nous construisons au quotidien une société de communication, de responsabilité et de véritables libres échanges, mais les combats de trop d'entreprises – françaises et autres – sont ceux d'idéologies dépassées et rassies. Avec un point d'orgue central : l'organisation.

Quand l'organisation devient l'objet de la survie au lieu d'en être l'outil, quand elle se réduit à la prise de décision du seul actionnaire-dirigeant au lieu de s'appuyer et de se développer sur les compétences accumulées dans des personnels qui ont pourtant été « triés sur le volet », il est inévitable de constater la flétrissure puis l'écroulement du système « entreprise ».

Nous entendons aussi parler du nécessaire développement d'une « organisation 4.0 » : elle équilibrerait production de masse et individualisation exacerbée par des clients toujours plus exigeants.
C'est une idée efficace, mais nous en sommes aux balbutiements. L'organisation de cette deuxième décennie du XXIe siècle reste encore trop lourde, et ne s'adapte pas assez vite aux marchés. Trop lourde parce que trop centralisée. À la limite de la surcharge pondérale parce qu'une entreprise trop petite se fait rapidement absorber par son concurrent plus gros, même archaïque.

Communication, adaptation, changement… Des mots qui ont un point nodal de référence : compétences.
Au pluriel.
Le Manager 4.x est au cœur de ce challenge : il développe les compétences, forme et anime des équipes ou des projets souples et dynamiques.

Encore faut-il que l'entreprise lui en laisse la possibilité.
Encore faut-il qu'il soit convaincu de sa propre compétence et de son utilité.
Encore faut-il que tout le monde en soit convaincu : à qui vont les bénéfices des efforts consentis et réalisés ? La « règle des trois tiers »[2] (répartition 1/3 actionnaire – 1/3 salariés – 1/3 investissement) est loin d'être appliquée en France, championne du monde 2018 des inégalités en entreprise.

---

[2] Mise en exergue à la télévision le 05 février 2009 par Nicolas Sarkozy.

« Le Manager 4.x » va faire le tour des qualités nécessaires dans cette deuxième décennie du siècle.

Le manager nouveau sera « 4.x », car il ne peut y avoir un modèle unique : seulement des principes, des postures, des référentiels, des outils et des points d'alerte de base. Il va devoir inventer, cas par cas, de nouvelles formes d'action. « L'adaptation », par exemple, sera l'une des clés essentielles de son fonctionnement, comme pour « l'Entreprise 4.0 ».

Acteur essentiel de l'entreprise, il devra aussi en modifier l'organisation pour s'exprimer et progresser. Car malheureusement, il sera aussi contraint de continuer à combattre le « Syndrome de la Patte Molle », en diagnostiquer les différents éléments et proposer quelques « recommandations » permettant de soigner les personnes contaminées.

1 – À L'ORIGINE…

Le « Manager 4.x » naît du constat de l'impuissance des organisations à s'adapter rapidement aux changements imposés par les révolutions technologiques et numériques.

À l'origine du « Syndrome de la Patte Molle », nous avons une contamination virale d'organisations qui subissent les coups de la réalité du XXIe siècle. Nombre de ces entreprises sont encore organisées selon des préceptes mis au point au XVIIIe siècle. Leur réflexe, en cas de crise, est de s'arc-bouter sur des principes qui ont, « depuis toujours », fait leurs preuves.

Mais voilà, nous ne sommes plus à l'aube de la révolution industrielle, mais à son crépuscule. Nous vivons l'émergence de plusieurs nouvelles révolutions structurelles, qui allient numérique et data : intelligence artificielle, intelligence quantique, intelligence émotionnelle, réseaux mondiaux de communication et robotique, sans parler des révolutions génétiques en cours. Tout ceci dans un contexte de développement exponentiel de pays « émergents », de renversement des alliances et des prééminences.

Dans des prévisions internationales alarmistes, la France sera reléguée en 2022 à la septième place des pays industrialisés, battue par l'Inde, et à la neuvième place en 2032, dépassée par le Brésil et la Corée du Sud[3].
La Chine sera première en 2032, et la France sera éliminée du « top 10 » en 2050[4].
Si « l'entreprise française » reste sur ses positions orgueilleuses nées du Temps des Lumières et de la Révolution de 1789, ces prédictions risquent de se réaliser.

---

[3] Source : Centre for Economics and Business Research - 2018
[4] Source : cabinet PwC - 2018

Il est urgent d'arrêter de se nourrir du passé pour résolument courir vers l'avenir et inverser cette logique morbide de décadence annoncée.

Un besoin de management

La réalité étant plus forte que toutes les idéologies, le management est une idée nouvelle née de l'évolution parallèle des besoins des entreprises, des attentes des acteurs humains de cette même entreprise, et de leurs clients.

Des cadres en perte de vitesse

Dans la dernière décennie du XXe siècle, nous constatons que le management explose : il répond à un réel besoin, et dépasse, nous y reviendrons, le traditionnel rôle des cadres, en perte de vitesse et d'influence depuis plus de quarante ans.

Ce « conflit de générations » naît du fait que le management dérange, et de l'action conjointe de deux éléments synchrones :

- Les territoires de pouvoirs et de compétences d'un Manager sont importants. Ils peuvent donc entrer en conflit avec d'autres pouvoirs traditionnels au sein de l'entreprise, notamment en se mesurant à égalité avec le pouvoir de décision des actionnaires : ils sont « sur le terrain ».
- Un Manager « basique » est aujourd'hui plus efficace qu'un excellent Chef. Par exemple, les salariés, dans leur ensemble[5], refusent d'obéir à un ordre sans que le sens de cet ordre leur ait été précisé. Le Manager donne du sens alors que le Chef donne des ordres. Le premier est écouté et suivi, alors que le second provoque résistances et dysfonctionnements.

Dans les entreprises qui privilégient la soumission des salariés comme mode de production, nous voyons apparaître

---

[5] Et pas seulement ceux de la « *génération Y* »

des personnages ayant le titre de « managers », sans formation ni mission, qui tentent de masquer l'incurie structurelle des Chefs.
C'est l'un des symptômes indicateurs du « Syndrome de la Patte Molle ».

À chacun sa place et son utilité.

Pour sortir du marasme annoncé par nos pythies modernes, pour changer l'entreprise et la hisser à la mesure des enjeux modernes, les Managers disposent de plus d'atouts que les Chefs. Il paraît donc important de remettre chacun à sa place, quand bien même le Chef a son utilité : c'est l'une des postures que notre « Manager 4.x » peut utiliser pour parvenir à accomplir sa mission.

Alors, pour tenter, à notre tour, de donner du sens à ces différentes tendances, commençons par nous plonger dans les plaisirs particuliers du mot « manager »

10   Le Manager 4.x

2 – Manager ?

Je demandais un jour à mon collègue Brian Orford[6], formateur et philosophe, Anglais à l'humour redoutable, grand chanteur de cantique devant l'Éternel et ses stagiaires, s'il pouvait me retrouver l'origine du mot « manager ».
La réponse me surprit...

2.A – Un mot composite.

> *Un peu d'Histoire...*
>
> *« Manage » est entré en anglais via le français moyen « manege » de l'italien « managgio », le manège, le bâtiment où on dresse les chevaux attachés à une corde (longe) qu'un seul homme « tient à la main » (« managgio » venant lui-même de « manus » en latin).*

L'art du dressage...

Le Management est donc « l'art de tenir un cheval pendant son dressage », dans un manège.

... des chevaux ?

Un film américain nous a montré, il y a quelques années, que, loin des idées préconçues, il était possible de « parler à l'oreille des chevaux » pour les apprivoiser... en douceur. Et c'est bien ce dont il s'agit aujourd'hui : de chuchoter un peu de « douceur » dans un monde de brutes...

2.B – L'Impasse des Idées Reçues

Ces termes de « management » et de « manager » sont utilisés dans la vie politique et dans les journaux « sérieux », sans « traduction » en français.

---

[6] Décédé en 2013

N'essayons donc pas de les traduire, mais de mieux les définir et, pour cela, de revenir à leur étymologie. Notre compréhension de ces termes, venant de notre expérience de la vie, professionnelle et politique, s'associe donc à la perspective historique de ces mots issus des Francs et de la Renaissance, quand chaque château de France, du Berry, de Bretagne et de Navarre disposait de son « manège ».

Reprenons donc en premier cette notion de « dresser[7] les chevaux » :

Dresser ?

Dresser ? Le Manager « dresserait » ses équipiers, ses subordonnés ? Bien entendu, la conception moderne du rôle du maître de manège dépasse, et de loin, les notions développées dans ses origines. Mais…

Ici encore, l'étymologie du mot nous aide à sortir de « l'impasse des idées reçues » : « directiare », en latin, c'est « rendre droit ».
On « dresse la tête » ou le buste pour « se grandir », mais aussi « une échelle contre un mur », pour « aller plus haut ». Ce n'est que plus tard dans les siècles que viendra s'ajouter la notion de dressage… des fauves ou, plus généralement, des animaux sauvages, pour les soumettre.

Soumettre ?

Ce dernier terme, non plus, n'a pas toujours eu la signification qu'il possède aujourd'hui de « soumission », ou le « dressé » va « subir »… le joug du Manager.

Le latin « submittere » nous donne « mettre sous ». Se soumettre est donc « se mettre sous » l'autorité de l'autre. Ce qui peut être parfaitement volontaire et pacifique, et apte à assurer notre survie. Cependant, « se soumettre » a une

---

[7] L'une de mes amies et collègues coach, spécialiste en thérapie équine préfère « éduquer » à « dresser ».

conséquence immédiate : nous perdons nos compétences au profit de l'autre.
Nous y reviendrons.

« Dresser la table » ?
Pour revenir à « dresser », s'il s'agit d'une table, cela promet, depuis le Moyen-âge, un banquet ou une fête. Et comme c'est rarement le châtelain qui met la main à la pâte, c'est bien notre « managé », et non son « Manager » qui « dresse la table ».

Manager est donc une fonction noble, même si « dresser quelqu'un contre l'autre » est plus guerrier que paisible, en alimentant sa colère ou la haine... contre l'oppresseur, par exemple.

2.C – Le Manager ? Un couvre-Chef !

D'orchestre ou de cuisine, le Chef exécutera la symphonie ou le repas composé ou commandé par et pour quelqu'un d'autre.

Le Manager décide quand le Chef obéit !

Étymologiquement, historiquement, sociologiquement, le Chef est donc subordonné au Manager : ce dernier est un compositeur, un créateur, un décideur.

Ce qui lie pourtant les deux, le Manager et le Chef, c'est bien la volonté d'obtenir un résultat. Tous les deux ont donc des objectifs à atteindre, et tous les deux disposent de moyens, notamment humains, pour y parvenir.

Mais pour le Manager, le rôle de Chef est un outil au service de sa mission, et non une fin en soi. Il peut en endosser, puis en poser, la... casquette à tout moment, ce qui est impossible au Chef qui doit l'assumer.

Et nous avons là une première différence essentielle entre Chef et Manager : le Chef a un objectif, le Manager une mission. Son « Territoire de Pouvoir » est donc, de fait, largement plus important. Le latin « capum » – la tête – a besoin… d'un « couvre-chef »… pour ne pas avoir froid.

Une espèce en voie d'apparition…

Le management est un concept mis en œuvre massivement, en France, vers la fin du XXe siècle.

Auparavant, après-guerre, la reconstruction avait fait apparaître les « cadres ». Ces élites formèrent les bataillons silencieux de la classe moyenne des années 1960-1980. En échange de leur obéissance, ils obtenaient l'accès à la petite propriété, avec une pelouse à tondre, une télévision en couleur, une machine à laver, une automobile et des congés payés améliorés.

Et une autre en voie de disparition !

Mais la concurrence internationale et la fin de la Guerre Froide ont montré que le modèle entrepreneurial français avait du plomb dans l'aile. Le paquebot « France » jouait les « Titanic » avec le « Concorde ».

S'adapter pour survivre devint donc un Crédo pour les entreprises, qui nécessita la mise en place d'une nouvelle « élite des élites », les Managers.
Mais nos premiers Managers français avaient été formés à l'école des cadres de la Guerre Froide, et bon nombre d'entre eux ne connaissaient que les bonnes vieilles méthodes coercitives pour faire « marcher » leurs équipes.

Le départ en retraite de ces anciens a permis l'installation et le développement de nouveaux Managers usant de nouvelles méthodes pour répondre à de nouveaux besoins.

Or, depuis le début du présent siècle, les cadres, censés être des « encadrants », et à terme des Managers, ont perdu la majeure partie de leurs prérogatives décisionnelles au profit des actionnaires.

11 septembre 2001 et Politique du Chiffre…

Après le « 11 septembre 2001 », profitant du traumatisme des attentats, partout dans le monde, les actionnaires ont pris directement le pouvoir dans les entreprises. Ils ne se cachent plus, décident tout, et de tout, à tous les niveaux de l'organisation, dont l'objectif n'est plus de produire et de perdurer, mais de faire du profit.

Ce que l'on appellera plus tard la « politique du chiffre » atteint aujourd'hui un tel niveau que ces nouvelles règles du jeu peuvent apparaître, collectivement et socialement, absurdes, avec des effets humains trop souvent contre-productifs.

En mai 2018, l'ONG Oxfam publiait un rapport[8] qui, en plein conflit Air France et SNCF, fit bondir bien des acteurs sociaux et politiques :

> « Depuis 2009, les entreprises du CAC 40 ont reversé plus de deux tiers de leurs bénéfices à leurs actionnaires sous forme de dividendes, ne laissant que 27,3 % au réinvestissement et 5,3 % aux salariés. La France est ainsi le pays au monde où les entreprises cotées en bourse reversent la plus grande part de leurs bénéfices en dividendes aux actionnaires. C'est aussi deux fois plus que dans les années 2000 où les entreprises ne versaient pas plus de 30 % de leurs bénéfices à leurs actionnaires ». […]
>
> Les salariés sont les grands sacrifiés de ce partage inégal. *En 2016, les entreprises du CAC 40 ont ainsi reversé près de 15 fois plus de bénéfices à leurs actionnaires (sous forme de dividendes) qu'à leurs salariés (sous forme d'intéressement et participation). Si elles avaient choisi de maintenir en 2016 le même*

---

[8] http://www.oxfamfrance.org

> *niveau de dividendes qu'en 2009 et d'augmenter la rémunération des employés plutôt que celle des actionnaires, l'ensemble des travailleurs du CAC 40 dans le monde auraient pu voir leurs revenus augmenter en moyenne d'au moins 14 000 euros sur la période, soit plus de 2 000 euros par an et par employé.*

À la même époque, nous apprenions que, pour garder ses actionnaires, une grande entreprise internationale en déficit important s'était encore surendettée pour quatre ans afin de distribuer des « bénéfices » inexistants, mais attendus. L'art de l'illusion…

Tout salarié lambda, à qui l'on en demande toujours plus, à qui l'on répète à longueur de journée qu'il faut « faire des sacrifices » pour « réduire la dette », se demande, légitimement, si « le système » ne marche pas sur la tête… Et il ne peut comprendre qu'on lui refuse une augmentation de rattrapage de l'inflation[9] alors que son salaire est bloqué depuis dix ans et que ses dirigeants se sont, quelque temps auparavant, octroyé une augmentation de… 42 %[10]…

Pour garder le pouvoir, sous prétexte de réagir très vite aux changements des marchés, les « actionnaires dirigeants » imposent des consignes et des orientations qui ne peuvent ni ne doivent être discutées.

La « variable d'ajustement » la plus pratique étant la « masse salariale », les cadres se sont vite soumis, de peur d'être « cassés », ou « virés ». Car les usages de gouvernances entrepreneuriales se sont durcis et les têtes qui dépassent sont rapidement, et sans état d'âme, « coupées ». Il n'est plus temps de discuter, de négocier, de louvoyer, et

---

[9] Par exemple, augmentation des prix à la consommation de 2,2% entre septembre 2017 et septembre 2018 (source Insee).
[10] Non, nous ne citerons pas les noms des entreprises décrites ici…

même d'innover : les ordres du Chef actionnaire redeviennent la règle ! Et les Managers, avec leur territoire de pouvoirs étendus, sont des empêcheurs de décider en ligne.

Un besoin de sens plus pressant qu'avant

En parallèle, la crise aidant, les besoins de « sens » de la majorité de la population deviennent criants, presque douloureusement pathologiques.

Ce nouveau besoin s'est cristallisé, lui aussi, dans l'après 11 septembre 2001.
À cette époque, j'intervenais beaucoup dans les tours de La Défense. Tous, nous rentrions la tête dans les épaules à chaque avion qui passait au-dessus de nous. Et nombre de mes stagiaires étaient absents : arrivés aux pieds des tours, ils levaient la tête et se posaient la question : « pourquoi ? Pourquoi faut-il monter dans la tour ? ». Et ils faisaient demi-tour.

La peur engendrée par les attentats a permis l'émergence de cette question fondamentale : « pourquoi ? »
Le « pourquoi faut-il monter dans la tour au risque d'être tué ? » a évolué vers d'autres questions : « pourquoi travailler dans de telles conditions pour gagner toujours moins ? Pourquoi accepter de telles contraintes alors que les nouvelles technologies nous promettent un autre monde ? »

En réponse au « pourquoi ? »

Cette question du « pourquoi ? » est devenue virale, aujourd'hui. Partout dans le monde industriel et en émergence, les acteurs économiques de terrain se posent la question du « pourquoi ? » et refusent d'obéir à un ordre sans en comprendre le sens.

Le changement permanent

Or, les entreprises ont besoin de changements rapides, et en permanence. La nécessité de leur adaptation est, de plus, exacerbée par une concurrence mondiale pressante et conquérante.

Avec des structures obsolètes, le réflexe premier des actionnaires est de donner des ordres, pour « aller vite ». Transformer le « pourquoi ? » en « pour quoi ! » et « parce que ! ». Et en cascades, d'ordre en ordre, tout au long d'arborescences pesantes, le sens du nécessaire changement disparaît.

Au bout de la chaîne, nous avons des salariés déboussolés qui résistent, refusent, protestent, sabotent, évitent, dévient, interprètent. Non parce que cela ressort de « leur nature profonde », comme vous pouvez l'entendre et le lire dans nombre de théories classiques, mais comme l'effet pervers d'une organisation inadaptée.

Car sans comprendre le changement, il s'impose à nous, et ce qui s'impose nous contraint.

Toute contrainte devient rapidement insupportable, surtout en France, où le besoin idéal de liberté, même illusoire, s'impose en boomerang comme un objectif immédiat à atteindre.

Les cadres aussi ont besoin de sens…

Les cadres ressentent ces mêmes besoins de sens. Mais ils ne trouvent plus leur compte dans l'illusion d'un pouvoir d'achat laminé depuis une dizaine d'années. Ils ont de plus en plus de mal à « faire le dos rond ».
Ils savent que l'Europe ne les reconnaît pas, qu'ils disposent d'un statut franco-français isolé, et en fin de course.
Ils savent aujourd'hui qu'ils font partie des « dommages collatéraux », comme tout un chacun.
Ils savent ne plus avoir un véritable pouvoir de décision. Ces dernières années, nous avons même vu apparaître des « cadres pauvres », jeunes ou vieux qui, honte collective, dorment dans leur voiture faute de logement décent à un prix raisonnable[11].

---

[11] J'en ai personnellement rencontré quatre ces trois dernières années.

Ces modifications de leur place dans la société se traduisent, d'ores et déjà, par la participation des cadres, à la vie associative ou municipale, ou encore à la création ou à la gestion de petites entreprises.
Ils sont formés à la prise de décision, pour certains au management, ils ont de l'instruction, un certain sens de l'entrepreneuriat. Ne pouvant plus s'exprimer dans l'entreprise, n'ayant plus aucune considération de leur propre hiérarchie, ils s'investissent « ailleurs ».
L'évolution de leurs comportements sociaux témoigne de ce malaise.

Exacerbée par la dégradation des cadres de vie et de logement, la « fuite » des familles de la région parisienne vers la province et la « fuite des (jeunes) cerveaux » vers l'étranger sont aussi de bons éléments symptomatiques de cette transformation.

L'INSEE[12] nous montre régulièrement l'importance numérique et en progrès de ces flux de migration résidentielle.

> *Sans tenir compte des mouvements avec l'étranger, 151 300 personnes se sont installées dans la métropole du Grand Paris (MGP) au cours de l'année 2012 alors qu'elles n'y résidaient pas un an auparavant, tandis que 197 400 personnes la quittaient. Le solde migratoire de la métropole avec le reste de la France est donc déficitaire (- 46 100). Il contribue négativement à l'évolution de la population (- 0,7 % par an dans la MGP contre - 0,6 % en Île-de-France).*
> *[...]*
> *Les départs de la métropole du Grand Paris sont plus nombreux que les arrivées pour toutes les tranches d'âge, à l'exception des 15*

---

[12] https://www.insee.fr/fr/statistiques/2666500

> à 29 ans. Ces jeunes, principalement des étudiants, sont attirés par la diversité de l'offre en matière d'études supérieures, notamment à Paris. En 2013, ils représentent six arrivants sur dix.
> [...]
> Les jeunes arrivant dans la métropole du Grand Paris viennent pour achever leurs études ou débuter leur carrière professionnelle. Quand ils fondent une famille, une partie d'entre eux peut être amenée à quitter la métropole, à la recherche d'un autre cadre de vie ou de conditions de logements plus favorables. Ces départs familiaux se traduisent par un déficit migratoire des 30-49 ans (- 34 000 personnes) et des enfants de 5 à 14 ans (- 11 400).

Les chiffres nous dévoilent cette vague psychologique, post-traumatique née du 11 septembre 2001 : la recherche de sens.

Entre 2000 et 2005, les migrations Paris-Province de familles aisées sont de l'ordre de 10 à 12 000 par an.
De 2005 à 2010, elles augmentent de jusqu'à 20 000.
Dans ces années 2010, les cadres partant de la région Parisienne, avec femme et enfants, « envahissent » les métropoles régionales. Certains investissent en Périgord une future maison d'hôtes. D'autres partent vers Israël.
Pour vivre mieux.

En 2017, les chiffres parlent du départ de 60 000 familles.
Et les témoignages vont se multiplier de « reconversion ». Tels anciens DRH ou informaticiens, commerciaux ou directeurs financiers, investissent leurs réserves financières dans une formation de boulanger, de potier, de doreur sur tranche ou de tailleur de pierre, puis, CAP en poche, soldent le tout dans son installation « à la campagne ».
Pour changer de vie et lui donner du sens.

2.D – Le retour des Leaders !

L'une des conséquences immédiates de cette mise à l'écart des cadres de tout pouvoir décisionnaire dans l'entreprise est le retour des Leaders.

Associatifs ou municipaux, religieux ou chef de clan, auto-entrepreneurs ou chefs d'entreprise, délégués syndicaux ou du comité d'entreprise : seuls les plus forts, ou les plus protégés, survivent et se développent, en cas de crise.

« Leader », un autre mot très français…

J'ai encore mis mon collègue Brian Orford à contribution sur ce mot, « Leader », et sa réponse fut sans équivoque.

> *Un peu d'Histoire :*
>
> *« Lead » est un mot germanique assez ancien signifiant simplement « mener quelque part », employé à l'époque des Francs (un peuple germanique à l'origine de la France).*
> *« LEAD-ER-SHIP » est donc la qualité de la personne du « Leader » et la reconnaissance, par les autres, de sa capacité à les mener « quelque part ».*

Mener « quelque part » !

Nous sommes « en crise » depuis des années, quoi que l'on puisse mettre derrière cette expression. La perte de sens est telle que nul ne sait plus où, ni comment, aller « quelque part ».

Le théâtre d'ombres de la politique

La vie politique est un théâtre d'ombres qui fait échos aux transformations profondes de la société. C'est aussi un domaine où s'affrontent des postures de Leader, de Chefs et de Managers. Il est donc intéressant, à titre d'exemple, de

soulever quelques « rideaux de fumée », et je vais tenter de le faire avec mon œil critique de consultant et d'expert en management.
Revenons donc sur les combats pour le pouvoir que nous avons pu vivre ces dernières années.

Nicolas Sarkozy puis François Hollande ont fait les frais de leur difficulté à définir « un chemin » crédible. Leurs électeurs, toujours plus en difficulté, ne comprenaient plus où ce « quelque part » pouvait bien conduire.
Emmanuel Macron a fait des promesses, et a clamé partout la nécessité de se mettre « En marche ! » « Ni gauche ni droite, mais suivez-moi ! ».
Il a joué au Leader et a gagné.

Dans le premier cas, celui de « Nicolas », « l'agitation permanente » et la centralisation excessive ne définissaient pas un chemin crédible. Il se fait éliminer.
Dans le second cas, « François », le manque de charisme médiatique de son Premier ministre et sa volonté d'être « un président normal » se sont cumulés pour faire perdre confiance à la population. La crise de Florange, les cafouillages du « mariage pour tous », puis le scandale Cahuzac et ses erreurs sur « la courbe du chômage » parachevèrent l'opération de destruction.

Pendant ce temps, comme la dernière opposante « d'Emmanuel » se discrédite toute seule dans un lamentable exercice télévisé, il devient un personnage crédible.
Comme il dit « je sais où nous devons aller ! », il gagne l'écoute de tous, quand bien même il ne le saurait pas plus que les autres.
Ou quand bien même ne voudrait-il pas dévoiler ses intentions réelles.

Les différents gouvernements qui se succèdent depuis quinze ans ont géré – sans doute convenablement du point de vue de certains – les affaires du pays.

Mais dans un défaut de communication collectif criant, de leadership inexistant, n'expliquant pas, ou mal, le sens des chemins pris, la sanction fut identique et immédiate. L'impopularité des gouvernants n'attendit pas les cent premiers jours pour mettre en évidence, dans tous les cas et par ricochet, celle des présidents.

Confiance et leadership : un couple inséparable.

Or, la confiance est primordiale dans la notion de leadership, et la confiance est une donnée virtuelle et interactive : positive, elle développe encore la confiance, et négative, provoque la méfiance.

Faire confiance au « capitaine du navire » est essentiel quand le bateau est pris dans la tempête. Sans confiance, la panique n'est pas loin : le naufrage du paquebot Concordia, il y a quelques années, nous l'a encore douloureusement démontré.

Nous jouons avec la confiance comme sur une table de ping-pong : « j'ai confiance – j'ai confiance ». Le « match » est interminable jusqu'au moment où l'un des deux dit : « là, je n'ai plus confiance ! ». Inévitablement, l'autre rétorquera : « si tu n'as plus confiance, moi non plus ! ».

La perte de confiance

La perte de confiance peut être déclenchée pour trois raisons : « je n'ai plus confiance en toi ! », ou « je n'ai plus confiance en moi ! », ou « je n'ai plus confiance en nous ! ». L'effet immédiat sera le même : « l'autre » ressentira immédiatement un inconfort et, dans un effet miroir, se positionnera sur le même registre : « Tu n'as plus confiance en moi ? En toi ? En nous ? Alors moi non plus ! »

La dégradation relationnelle sera d'autant plus rapide que les attentes étaient fortes, et aboutira généralement à une rupture de la relation.

La situation peut se rétablir, tout en laissant des « cicatrices », à partir du moment où l'un ou l'autre des

protagonistes reprend confiance et l'affirme haut et fort, en lui, en « l'autre », en « nous ».
Le premier qui retrouve la confiance et l'affirme devient, de fait, le nouveau Leader, « celui qui montre le chemin ».
Une clé pour le Manager 4.x.

Pas de confiance sans contrôle.
Socialement, historiquement, nous avons appris à nous méfier de ceux qui, en période de crise de confiance, clament haut et fort « qu'ils ont confiance », en eux, en vous, en « nous ». Car l'affirmation de la confiance renforçant le leadership, nous reprenons pied ici dans un domaine hautement délicat, celui de la prise de pouvoir.

Éviter la rupture due à la perte de confiance nécessite donc, au préalable, de se doter d'outils de contrôle.
« Donner sa confiance à quelqu'un » confère un pouvoir, sur vous, à ce « quelqu'un ». Sans contrôle, ce pouvoir peut donner prise aux abus… de confiance. Ce principe de base est valable aussi bien dans le couple que pour manager une entreprise ou un pays.

Pouvoir et contre-pouvoir : chacun et chacune redoutent l'intrusion – au minimum numérique – de l'autre dans sa « bulle » personnelle ou dans le « secret d'État ». Dans l'entreprise, les coûts liés à la sécurité des données explosent. De la gestion de son carnet d'adresses et de ses mails personnels aux « barbouzes » et autres « secrets industriels », la perte de confiance conduit au conflit, alors que la confiance nous apparaît comme un havre de paix, illusoire, mais presque reposant dans un monde en perpétuel changement.

Confiance et politique
L'affaire Benalla a coûté à Emmanuel Macron. Et sa contre-attaque, sur le thème « j'ai confiance en moi ! », n'a pas permis de retrouver jusqu'à présent le niveau de confiance populaire dont il bénéficiait jusqu'en juillet 2018.
La démission de Nicolas Hulot, sympathique ministre (impuissant) de l'Écologie qui, lui, répondait au sentiment

d'urgence vitale de la population, a enfoncé le clou. Son remplacement par deux lobbyistes a simplement confirmé la pertinence de la position de « Nicolas », pas de celle « d'Emmanuel ».

La confiance, comme le leadership, est soumise à un équilibre difficile à maintenir en état de repos : c'est davantage un match interactif où la qualité de l'exercice du pouvoir n'est pas absente des préoccupations de chacun.

Gérer n'est pas un exercice de leadership.
Le caractère de Leader ne s'exprime donc pas dans la qualité de la gestion ou dans la pertinence des ordres donnés (tous deux apanages du Chef), ni dans l'organisation optimale des moyens et des hommes (avec la prise de décision, domaine du Manager), mais dans la présence charismatique de la personne, objet de tous les regards.
En réalité, il présente même un triple effet :
- Le Leader est présent – et non « omni présent » comme un certain ancien président français.
- Il manifeste du charisme,
- Il répond à un besoin d'urgence, ou de danger en proposant un chemin crédible pour sortir de la situation de blocage.

2.E – Le Charisme s'apprend.

Charisme vient du grec, cette fois-ci : « kharismos », la « grâce divine »… La psychologie et les sciences cognitives nous expliquent aujourd'hui que les dieux n'ont rien à voir dans cette histoire, et que le charisme se développe autour de quelques notions simples qui peuvent s'apprendre.

Diffuser des émotions positives, travailler son empathie et certaines attitudes corporelles « suffisent », surtout en période de crise, pour gagner la confiance des autres, avant même que vous ayez ouvert la bouche : par exemple, la « confiance en soi » se voit, et le sourire est contagieux, même au téléphone.

Plus loin, plus complexes, les attitudes d'écoute vraies, actives, inspirent la confiance. Le regard direct et une poignée de main franche assurent et ancrent les échanges. Une « position de détermination » inspire aussi le respect, et donc la confiance.

Bien entendu, ces « techniques » peuvent être extrêmement manipulatoires, et il est nécessaire de contrôler leur mise en œuvre : il n'y a pas de confiance sans contrôle !
Quand un/une responsable politique doit apprendre à sourire, se fait refaire les dents, ou se colorer les cheveux « pour plaire », vous avez le droit de vous poser des questions sur le rapport entre son charisme personnel réel et l'apport des techniques prônées par un coach en communication[13].

Politique du chiffre et poignée de main
Pour illustrer tout cela, regardez avec un œil neuf, en recul, les « vieux » reportages sur la campagne électorale de Nicolas Sarkozy et François Hollande en 2012 : le premier serre un maximum de mains, dans un style « politique du chiffre » qui lui est propre. Il ne regarde que la main suivante. Le second regarde les personnes qui lui tendent la main, et les salue, les reconnaît un à un, jusqu'à leur « faire la bise », pour les femmes et les enfants.
Le premier a perdu, avec une impression de froideur, de calcul, d'arrogance et de distance, alors que le second a gagné, avec une impression de chaleur et de proximité.
Comme tous les hommes politiques, ils ont tous les deux travaillé leur charisme pour renforcer leur leadership, mais ont-ils compris – et intégré, accepté – ce qu'ils ont appris ?

Des techniques et des hommes
Emmanuel Macron est aussi intéressant à étudier : il gagne les élections en surfant sur des techniques charismatiques efficaces. Sa poignée de main est accompagnée d'un regard, d'un touché de l'épaule aux hommes et d'une caresse

---

[13] Je ne donnerais pas de nom, mais vous connaissez l'histoire de cette ancienne candidate aux élections présidentielles qui...

sur la tête des enfants. Il apprend vite, mais ne maîtrise pas tout et se met à crier (signe extérieur de colère) lors de l'un de ses célèbres meetings.

Le Chef n'est pas le Leader

Plus tard, élu, il commence à perdre des points dans les sondages : quand il nous explique « comment gérer la France ». C'est le Chef qui s'exprime alors. Il a des objectifs à atteindre. Il sait s'adapter, mais sa vraie nature de Chef déroute : les Français ont toujours une impression d'urgence et de blocage (besoin de Leader), et ne sont pas rassurés.

Le leadership s'appuie sur le charisme qui nécessite une communication émotionnelle forte, mais sans doute épuisante.
La gestion s'appuie, elle, sur des faits, des chiffres, des tableaux de bord.
Où sont les émotions dans la gestion d'un tableau de bord ?

Des valeurs et des tableaux de bord

En perte de vitesse rapide dans les sondages (une forme collective de tableau de bord), les discours du nouveau Président vont évoluer alors vers l'exposé de valeurs que les Français découvrent avec surprise et une impression de frustration désagréable. Ancrés dans l'impression d'urgence d'un quotidien difficile, ce n'est pas ce qu'ils attendent.
À la rigueur, ils aimeraient disposer d'un Manager qui, autour d'une table, rassemblerait, discuterait, et leur redonnerait la parole.
L'expression de valeurs, pour atteindre ses objectifs, reste l'apanage du Chef.

De plus, quoi qu'on puisse penser de ces valeurs exprimées, comme il a été élu par 30 % de la population réelle, ses discours sur la religion et la laïcité choquent la majorité « silencieuse ».
Ses relations de « bon élève » avec Trump choquent.
Ses orientations « président des riches » choquent.

Ses discours, relativisant la laïcité et privilégiant la religion catholique, choquent.
La confiance s'érode, et de grands conflits éclatent et se multiplient alors dans le pays.

Les valeurs et la colère

La colère, émotion fondamentale propre à l'ensemble de l'espèce humaine, naît de deux causes : une proximité trop grande d'un danger menaçant, et une valeur trahie, par l'autre.

Emmanuel Macron a, pour se faire élire, évité de parler de ses valeurs. Il a usé de techniques de leadership. Il a mis en évidence des objectifs opérationnels qui ont séduit une partie de l'électorat.

Majoritaire à l'Assemblée, mais minoritaire dans la population, quand il se met en colère et parle de ses propres valeurs comme étant celles de la France, les Français, parce qu'ils n'aiment pas que quiconque parlent à leur place, se sentent trahis et se mettent à leur tour en colère[14].

2.F – La machine à perdre française !

Nous sommes en France, un pays où il est de bon ton, depuis Danton, Robespierre et Napoléon, de nous méfier des Leaders. Ceux-ci font peur et la France privilégie les Leaders de valeurs, alors que des Leaders charismatiques sont systématiquement élus aux États-Unis. Obama fut élu par les électeurs américains, puis Trump, tous les deux contre Hillary Clinton, préférée des médias hexagonaux.

Les appareils politiques français sont souvent qualifiés de « machines à perdre », car s'ils servent la promotion d'un Chef, dès qu'il est clairement identifié, ils se mobilisent pour

---

[14] La Boetie disait en 1574 dans son « Discours sur la servitude volontaire » : « Mais à la réflexion, c'est un malheur extrême que d'être assujetti à un maître dont on ne peut jamais être assuré de la bonté, et qui a toujours le pouvoir d'être méchant quand il le voudra ».

museler toute velléité d'opposition interne. C'est le vieil adage, attribué à Voltaire : « Dieu (le parti !), garde-moi de mes amis ! Quant à mes ennemis, je m'en charge ! »

En France, les Leaders font peur

Les Leaders font peur, en France, et les Chefs, qui ont réussi à survivre à la lutte permanente pour le pouvoir personnel, utilisent à leur tour l'appareil pour éteindre tout ce qui pourrait apparaître comme un futur « brûlot » concurrentiel.

La droite française est une spécialiste du genre, elle nous l'a montré en 2012 dans l'affrontement Fillon-Copé, puis en 2017 par l'éviction de F.Fillon.
Mais la gauche la suit de très près et le Parti Socialiste implose après les élections.
« L'opinion publique » n'a plus confiance : elle a compris que le sens de l'intérêt national et du collectif s'est noyé dans le « chacun pour soi » et le « enrichissez-vous d'abord » des crises économiques et financières successives.

L'éthique finit toujours par triompher

Les appareils de la Droite et de la Gauche traditionnelle, fédérant autour de valeurs fortes, n'ont pas résisté à la trahison ou à l'effondrement de ces mêmes valeurs. C'est une notion vieille comme la civilisation, celle de l'éthique. Et dans son origine grecque, « ithos » signifie : « impression morale d'un interlocuteur ».
Et sans morale, sans éthique, pas de confiance.

Des Chefs et des « petits Chefs »

De fait, l'ensemble des partis politiques français dispose de nombreux Chefs – et pléthore de « petits Chefs » – mais manque généralement de Leader et trop souvent de Manager.

Machines « à faire taire », les partis se contentent donc d'être dirigés par des Chefs qui cachent leur manque de charisme sous un couvert d'autoritarisme, et leur manque de vision par un entregent mielleux et un réseau d'influence opportuniste où argent, sexe et médias ne sont généralement pas absents.

« Jupiter » un Manager ?
Emmanuel Macron est-il un Manager ? Il semble qu'il soit surtout un Chef, autoritaire et centralisateur : « Jupiter ».
Être un Chef n'est pas péjoratif, seulement insuffisant dans ce siècle.

Pour répondre à un besoin d'urgence et gagner le pouvoir, il a joué la carte du Leader. Il a gagné par défaut et par maîtrise d'une partie de la technique.
Mais si gagner le pouvoir est souvent facile, le garder est un autre défi.

Le leadership : une posture normale
En attendant, en jouant au Leader, il a fait (ré)apparaître en France cette posture comme étant tout à fait acceptable et normale, puisque gagnante. Nous verrons sans doute quelques Leaders charismatiques monter en puissance dans les années à venir.
Mais en jouant au Chef, trop vite, pour atteindre ses objectifs très vite, il choque, heurte, crée des oppositions : dans la conduite du changement, le Manager est beaucoup plus efficace et productif, et ne s'oppose pas à la rapidité d'action.

La « French Touch » : Leaders et Managers !

Par ricochet, dans nos entreprises nous manquons aussi de Leaders et de Managers alors que nous avons besoin de développer notre « French Touch » !
Nos grandes écoles, contaminées elles aussi par le « Syndrome de la Patte Molle », ne forment plus que des gestionnaires de tableaux de bord, éliminent les Leaders et écrasent d'un mépris souverain les Managers « leaders vrais », charismatiques. Nos Leaders, ironie du temps, sont trop souvent renvoyés… vers des écoles d'Art.
Ce qui nous amène à nous poser une question pertinente : Manager ne serait-il pas une forme d'Art, avec pour moteur la créativité ?

Les « serials killers » d'entreprise : inutiles et stériles
La compétition interne, toujours soigneusement entretenue au sein de nombre d'entreprises, n'arrange rien : loin de favoriser la compétence, elle joue la carte de la soi-disant « sélection naturelle » des plus forts. Elle multiplie les traumatismes, les stress, les échecs programmés, et entasse « dans les placards » de trop nombreux « cadavres » inutiles.
Inutiles, car ces échecs ne sont pas « débriefés » pour faire progresser les compétences : ce n'est pas l'objectif.
Inutiles, car stériles : quand vous vous battez pour votre survie, professionnelle et sociale, toute votre énergie est canalisée vers ce seul objectif. C'est le niveau 1 de la « Pyramide de Maslow ».

La pyramide de Maslow et la motivation

Maslow, né en 1908 à New York, définit après la Seconde Guerre mondiale une « pyramide des besoins » qui est, encore aujourd'hui, une clé de compréhension des motivations des personnes, et de leurs démotivations. Elle ne peut laisser indifférent le « Manager 4.x ».

Cette « pyramide » a une forme « Aztèque » : c'est un escalier à cinq marches que l'on monte et descend en fonction de critères extérieurs à votre personnalité.

Niveau 1 : les besoins physiologiques.
- Besoins, liés à la survie élémentaire, de se nourrir correctement, de dormir à l'abri, de respirer un air non pollué, de boire une eau pure, de se reproduire.
    - Dans nos pays industrialisés, ce besoin est avant tout satisfait par les revenus ou le salaire.
    - Tous ces besoins sont socialement mis en difficulté en France : chômage, blocage des salaires, baisse des pensions et du pouvoir d'achat, crise du logement, pollution, crise alimentaire, assèchement des nappes

phréatiques, bouleversements climatiques, isolement et vieillissement de la population...

Niveau 2 : besoins de sécurité.
- Besoin de sortir de l'insécurité de la survie, d'élargir son horizon temporel, de se définir un avenir crédible en paix, d'apaiser son environnement territorial, économique et social.
    - Les sondages montrent d'année en année que les Français considèrent majoritairement que leurs enfants vivront moins bien qu'eux-mêmes.
    - L'insécurité reste un message politique majeur, exploité par tous les partis politiques. Message mis à mal quand un ministre de l'intérieur démissionne, malaise amplifié quand il faut deux semaines pour le remplacer.
    - La moindre rumeur de fusion ou de restructuration déclenche des stress improductifs dans l'entreprise. La peur de la perte d'emploi et du chômage reste la principale source d'insécurité des Français.

Niveau 3 : besoin d'appartenance
- Nous sommes des animaux sociaux et nous avons besoin du regard des autres pour survivre et vivre.
    - La première appartenance est celle de la famille : hier, identifiée par les parents, les ancêtres, les cousins, même « issus de Germains ». Aujourd'hui « nucléaire » ou « élargie », « décomposée » puis « recomposée », « monoparentale » ou « homoparentale », elle n'a pas de sens véritablement défini universellement reconnu.
    - Les autres appartenances ne sont pas épargnées : le pays s'efface devant l'Europe ; l'entreprise n'hésite plus à jeter ses « bébés » avec l'eau du bain ; les religions ne

protègent plus de l'apparition de déviances, communautaires et/ou fanatiques.
- De fait, l'appartenance se concentre aujourd'hui sur ce que vous pouvez vous-même construire : association locale, entreprise personnelle, mais aussi, marginalement, par le clan, la tribu, la secte, le parti populiste et nationaliste… Une réalisation qui permet d'atteindre le niveau suivant.

Niveau 4 : besoin de reconnaissance
- À partir du moment où vous avez de quoi vivre, que vous êtes sortis de la survie, que vous êtes en sécurité, que vous appartenez à un groupe de référence, vous pouvez atteindre le niveau 4.
  - « Vous êtes « le fils de… » ou la « fille de… » ; vous êtes, vous-même, chef de famille ; vous êtes simplement « papy » ou « mamie » de… ; vous êtes « monsieur le président de l'association… » ; ou « madame la Maire adjointe de la commune de… ». Dans la société civile, ou dans l'entreprise, vous avez acquis un titre, un statut, une position que « les autres » respectent, regardent, discutent, écoutent…
  - La reconnaissance excite les centres du plaisir : ainsi, elle peut devenir une véritable addiction. Un médecin sportif m'expliquait que certains sportifs de haut niveau, mais aussi des artistes, des chefs d'entreprise et des politiques, étaient devenus « accros » aux applaudissements, à la reconnaissance de la foule. Avec des fins de carrière parfois dramatiques.
  - C'est le besoin le moins bien assumé en entreprise. Fini le temps de « la prime », de « l'augmentation », et même de l'évolution de carrière. « Vous voulez évoluer ? Vous voulez gagner plus ? Changez d'entreprise ! »

clament de nombreux chefs d'entreprises. « Traversez la rue ! » éructe « Emmanuel ».
- o La reconnaissance en entreprise passe donc aujourd'hui par les collègues (quand il y en a encore) et le Manager. Un sourire, un compliment, un « merci » sont bien souvent tout ce que le salarié obtient de mieux en réponse à ses efforts.
- o Une clé de motivation importante pour le « Manager 4.x », surtout s'il agit sincèrement.

Niveau 5 : besoin d'épanouissement
- C'est la marche la plus haute, la plus difficile à atteindre. « S'accomplir » ne va pas de soi. Cela nécessite de se connaître, d'être bien dans sa peau, d'avoir confiance en soi. D'être en équilibre avec son environnement économique et social.
  - o Comme tout équilibre, il est toujours fragile et énergivore à entretenir. Il crée néanmoins une synergie (auto)satisfaisante et... contagieuse : cela se voit que vous naviguez sur le niveau 5.
  - o L'entreprise a besoin de salariés compétents et épanouis, avec des affirmations comme « proactif » et « autonome ».
  - o C'est un niveau pourtant impossible à atteindre quand l'organisation est centralisée et structurée autour de la « soumission » et de « l'obéissance ». Comme pour cette entreprise qui dispose de quinze commerciaux, « vire » le quinzième tous les trois mois, et s'inquiète de leur manque collectif de résultats.

Un escalier dynamique
La Pyramide de Maslow a une particularité : vous « montez » au plus haut du besoin satisfait le plus bas.

Vous pouvez, comme moi, être un spécialiste du développement personnel (niveau 5), avoir accompli cette « montée » comme « premier de cordée », et un jour vous retrouver confronté à un choc économique qui vous empêche de payer votre loyer à la fin du mois. C'est trivial, mais efficace : vous retombez au niveau 1, vous concentrez votre action sur le règlement de ce loyer, et autres factures, avant de vous poser la question de savoir quels nouveaux produits ou services vous pouvez proposer dans votre action professionnelle.

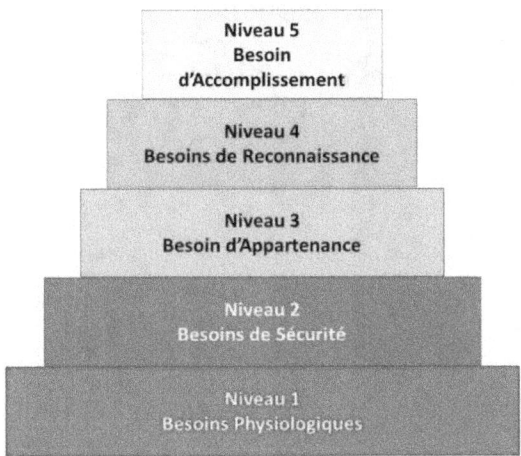

Quand une entreprise joue avec la crainte d'une réorganisation et la soumission des cadres, elle n'obtient rien de plus que le déclenchement à tous les niveaux des deux stress primaires : la peur et la colère !
Et tous les acteurs de l'organisation redescendent au niveau 1 : les besoins physiologiques.

Pour toutes les personnes soumises à cette pression, qu'importe alors l'entreprise, ses objectifs, son développement, sa production, sa politique commerciale et marketing. Le survivant sera celui qui aura pris le plus de recul, et soigneusement planifié sa stratégie… de fuite ou de destruction de ses opposants.

Du « killer » au « pervers narcissique »

Ce survivant sera-t-il le meilleur Manager ou même Chef ? À coup sûr, nous pouvons prévoir que non : il sera le meilleur « killer », le meilleur « tueur », oui, certainement. Peut-être même le meilleur « pervers narcissique » pathologique cher aux psychiatres. Mais à quoi peut-il bien servir pour le développement de l'entreprise ?

C'est là, dans cette deuxième décennie du siècle, qu'intervient une nouvelle donne : le changement de comportement des clients.

Nous allons nous y intéresser, car nos « killer » d'entreprise n'ont plus de raison d'être dans cette configuration moderne alors que les Managers 4.x y trouvent leur légitimité.

3 – LA NOUVELLE DONNE DES COMPORTEMENTS.

Les défis de ce siècle, comme le changement climatique, les nouvelles technologies, mais aussi les excès et les scandales de l'actuelle donne économique ont fait prendre conscience au consommateur de son pouvoir autant que de sa fragilité.
Désormais, le consommateur, le client, comme le salarié ou le citoyen, veut du sens.
Il veut des réponses à la question « pourquoi ? ».

Comme il ne croit plus à la pérennité des entreprises ni à leur « honnêteté » naturelle[15], en l'absence de sens et de réponse, il va se mettre en colère puis « zapper » et transcender ses propres réflexes traditionnels.

Conquête des marchés ou satisfaction client ?
Subissant ces nouvelles attitudes, les entreprises sont démunies. Elles doivent, elles aussi, changer leurs habitudes. Les marchés occidentaux sont saturés : il ne s'agit plus de conquérir de nouveaux consommateurs, mais de les attirer vers soi. Et donc, de « kidnapper » les clients de la concurrence tout en protégeant les siens du chant des sirènes de ces mêmes concurrents.
Les familles françaises sont équipées, et même suréquipées, en réfrigérateur, cuisinière, lave-linge, automobile, mais aussi en abonnement Internet, mutuelle, banque et assurances...
Leurs besoins matériels, globalement, sont assouvis[16].

---

[15] Entre « *l'obsolescence programmée* », la « *vache folle* », les médicaments inutiles, le lait maternisé contaminé et la crise automobile des contrôles moteurs trafiqués, les exemples sont nombreux et la méfiance des consommateurs légitimement au plus haut niveau.
[16] En août 2018, le Crédoc annonce que 73 % des Français possèdent un smartphone, contre 17 % en 2011.

Hors nouvelles technologies, le problème des entreprises n'est donc plus de conquérir des marchés, mais bien de consolider et développer leurs parts de marchés. À service rendu égal, à produit égal, à prix égal, ce qui va donc faire la différence n'est pas la réponse aux besoins, mais la réponse aux attentes.

Une équation simple nous donne les clés de la satisfaction client :

**Réponse aux BESOINS
+
Réponse aux ATTENTES
=
SATISFACTION DU CLIENT**

Un produit peut répondre à votre besoin, mais si le vendeur ou le prestataire ne répond pas à vos attentes, vous ne serez pas satisfait.

Au contraire, un vendeur qui répond à vos attentes va capitaliser une relation de confiance même s'il ne répond pas immédiatement à votre besoin. Vous ne serez pas totalement satisfait, mais vous ne « zapperez » pas, ou pas tout de suite.

Des enjeux concrets pour 2015-2020

Pour les entreprises occidentales, le jeu des années 2015-2020 consiste donc à développer les éléments de satisfaction qui leur permettra de déclencher le « zapping » du client vers eux, aux dépens de la concurrence, mais aussi de garder leurs propres clients avant que la concurrence ne les séduise.

Le problème s'étend aussi aux équipes et à leur Manager. Les salariés sont plus sensibles, dans certaines limites, aux conditions et à l'ambiance de travail qu'aux salaires et primes qu'ils vont obtenir.

Les Chefs n'en ont que faire, mais les Managers 4.x, eux, se doivent de satisfaire leurs clients internes (attente) avant même de parler revenus (besoins), même si celui-ci participe à la reconnaissance (besoin et attente) du travail effectué.

À ne pas en tenir compte, la sanction se traduit par une baisse de compétences, de motivations, et en définitive, des résultats.

Il est donc temps de définir les caractéristiques et les outils du « Manager 4.x ».

# Le Manager 4.x

4 – LE MANAGER 4.X

Le Manager nouveau est confronté à des défis économiques, sociaux et environnementaux inusités.
Il ne peut voir son travail à partir seulement de son seul « poste de travail ». Son action peut avoir des conséquences jusqu'au niveau mondial, car « le monde » peut voir un impact sur lui.

Il ne peut donc être seulement « 4.0 » : une seule définition serait encore trop contraignante alors qu'il doit s'adapter en permanence aux changements, pour en être un acteur essentiel. Ce « .x » peut et doit lui laisser toute latitude de créer de nouvelles formes de production et de relations.

Le Manager 4.x au cœur du monde

Nous pouvons résumer ainsi quelques problèmes soulevés dans le management moderne :
- Le temps est « accéléré » par des algorithmes froids et mécaniques. Les bourses du monde entier échangent des milliards chaque nanoseconde, 24 h/24, et 365 jours par an. Les nouvelles technologies de l'information s'imposent à tous et pour tout.
  - En retour, la notion d'objectifs à atteindre, ponctuellement et rapidement, devient un enjeu.
  - La « politique du chiffre » s'impose comme la norme ;
- La concurrence s'exacerbe au niveau mondial.
  - En retour, « le monde » a une influence immédiate et permanente sur le niveau local, en France comme partout.
  - La performance est obligatoire, comme le profit ;
  - La rentabilité est un principe de survie ;
  - Les organisations sont souvent trop petites pour résister à la concurrence, mais deviennent trop lourdes en grandissant.

- - o Des voix s'élèvent pour mettre en place une « organisation 4.0 » où l'adaptabilité aux attentes des clients serait permanente, tout en assurant une production de produits et services de masse.
- Les décisions des actionnaires sont souveraines ;
- Le Manager 4.x a une mission : développer l'entreprise par l'intermédiaire du développement des compétences de son équipe. Et pour l'accomplir, il dispose d'une palette de moyens et de rôles dont il doit jouer avec subtilité.
  - o Il est au cœur de l'équilibre entre les besoins des décideurs, les besoins de la production, les besoins des producteurs, les besoins des clients, et les attentes de l'ensemble de ces acteurs.
  - o Il n'a donc pas un poste idéalement constitué et légitime, mais un territoire de pouvoir et de compétences qui s'appuie sur des postures-outils à utiliser en fonction des situations rencontrées ;
  - o La communication est, pour lui, un outil essentiel ;
- Pour les acteurs économiques comme pour les consommateurs :
  - o La réponse aux attentes, dans les pays développés, est plus importante que la réponse aux besoins.
  - o Le « sens de la vie » et le « sens du travail » sont des questions largement partagées ;
  - o La reconnaissance est autant un besoin qu'une attente ;
  - o Les compétences sont nécessaires, mais opportunistes et volatiles ;
  - o La confiance est une donnée instable et interactive ;

Nous venons, au travers de l'analyse rapide des comportements relationnels, de survoler trois postures-outils fonctionnelles utiles au Manager 4.x :
- le Manager lui-même,
- le Chef
- et le Leader

4.A – Six casquettes pour les manager tous

Mon expérience professionnelle m'a permis, avec mes entreprises clientes et leurs managers, de concevoir au total jusqu'à six positionnements tactiques, six postures-outils, six « casquettes », qu'il est possible d'adopter en fonction des besoins.

À la fois postures, rôles et outils, ces « casquettes » s'articulent les unes avec les autres de manière dynamique, et peuvent être utilisées dans un espace-temps très restreint : une rencontre, une réunion, un « recadrage », un discours commercial ou pour un départ en retraite.

Un manager 4.x les utilisera comme outil principal de son action, en fonction de sa mission, des situations qu'il rencontrera, des projets qu'il mènera.

Alors, reprenons – et comprenons, apprenons – nos six rôles, endossons nos six « casquettes ».

Elles ont chacune leur légitimité, leur utilité, tout en répondant à des besoins différents et usant d'outils spécifiques.
Mais comme elles ont aussi chacune leurs limites, cela nous oblige à considérer ces rôles comme des possibles et non comme des fins en soi. C'est le « .x » du « 4.x ».

Identifiez votre posture principale, et surtout celles que vous n'utilisez pas ou négligez, ou même celles que vous ne comprenez pas : elles sont les pistes clairement définies de vos axes de progrès potentiels.

Vous pourrez ainsi cibler vos apprentissages prioritaires vous permettant de devenir rapidement un Manager 4.x.

Pour chacune de ces six postures-outils, nous allons travailler sur :
- Les questions à se poser.
- La légitimité du rôle.
- L'utilité du rôle.
- Les outils principaux utilisables pour assumer ce rôle.
- Les limites du rôle.

4.B – Casquette N° 1 : « Moi » !

Vous êtes vous-même le terreau qui va faire germer puis s'épanouir en vous les six rôles du Manager : le saviez-vous ? En avez-vous conscience ? Avez-vous confiance en vous ?

Vous êtes, vous-même, votre première « casquette », celle qui forge votre silhouette, l'ossature de votre image de Manager 4.x : à compréhension des rôles et connaissance égale des techniques, c'est la personnalité du Manager qui fait la différence !

Votre personnalité s'exprimera par votre volonté à vous développer ou à vous soumettre face à un problème, par votre détermination à prendre toute votre place au sein du groupe, de la horde, du « clan », de la « famille », etc., ou à créer votre propre tribu économique.

C'est aussi votre personnalité profonde, avec comme moteur vos émotions et vos valeurs, qui décidera consciemment de placer l'humain au cœur de votre action… ou non. C'est aussi votre personnalité profonde qui choisira, à l'inverse, de prioriser les tableaux de bord sur les ressentis de votre équipe. Ou qui considérera lesdits documents comme des outils essentiels, ou qu'ils sont limités par l'interprétation que l'on peut en faire, et le contrôle que l'on peut exercer sur leur fiabilité.

L'équilibre de votre personnalité est essentiel à votre rôle de Manager : vous avez appris à vous critiquer sans vous « casser », à accepter vos forces, mais aussi vos faiblesses, et à transformer ces faiblesses en objectifs de développement personnel.

Vous avez appris à apprendre, et vous avez compris que la vie est un perpétuel apprentissage. Vous avez trouvé l'équilibre entre une adaptation permanente et la conservation de vos valeurs. Vous avez d'ailleurs, en passant, appris à dépoussiérer vos valeurs sans les trahir. Sans vous trahir.

À partir de cet apprentissage de votre gestion personnelle – qui est une vraie compétence – vous pouvez envisager de commencer à vous appeler Manager 4.x.

Donc, cultivez votre « Moi », prenez soin de vous, continuez à mieux vous connaître, continuez à vous développer : de cet équilibre personnel dépend votre « écologie relationnelle et émotionnelle », et de ces deux-là, votre efficacité de Manager 4.x.

- o **Questions :** Qui êtes-vous ? Comment fonctionnez-vous ? Quelles sont vos forces ? Vos faiblesses ? Quelles sont vos compétences ? Savez-vous que vous ne savez rien de ce que vous avez encore à apprendre ? Quel passé vous structure ? Quel avenir vous préparez-vous ?

Des questions que le Manager 4.x a besoin de se poser à tout moment, car il est, lui-même, en évolution permanente, comme le monde est en évolution permanente.

> *Faites le point sur vous, fréquemment, avec ou sans aide extérieure : c'est une nécessité de vie, et de survie.*
>
> *Qui suis-je ? (Faits)*
> *Qu'est-ce qui est important ou insignifiant pour moi ? (Valeurs)*
> *Qu'est-ce que je ressens ? (Émotions)*

- **Légitimité** : vous existez et, comme Manager 4.x, vous avez une mission à réaliser.

- **Utilité** : vous êtes capable de faire aboutir cette mission. Mais à partir de quel constat de compétences ? Comment améliorer votre efficience ?

- **Outils principaux** : votre personnalité, vos valeurs, vos émotions, vos compétences, vos équilibres et déséquilibres, vos expériences et vos capacités (ou non) d'évolution.

- **Limites** : vous êtes votre propre limite, et il est difficile d'en avoir conscience. Ce sont les autres qui vous mettent face à vos limites. Sachez les écouter avec objectivité.

4.C – Casquette N° 2 : « le Leader » !

Sur la notion de Leader – notre deuxième « casquette » – ici encore, les idées reçues sont légion : certains « naîtraient » Leaders... Pour certains « gourous », il serait possible de les identifier et de les enrôler dès la crèche...

Cette imagerie d'Épinal est historiquement datée : Napoléon devenu Bonaparte (ou inversement) en a abusé dans nos bourgs et nos fermes des années durant ! Une campagne publicitaire et idéologique qui trouvera, plus tard, son apogée « industrielle » dans « l'Almanach Vermot » (né en

1886) et « Le Chasseur Français » (né en 1885)[17], de 1940 – sous la coupe de Pétain – jusqu'au milieu de la deuxième moitié du vingtième siècle. Les séquelles de cette propagande marquent encore les écoles de la République, et les autres.

Ceci étant, toutes les recherches comportementales nous démontrent aujourd'hui que le leadership s'apprend, comme n'importe quelle technique de communication.
Bien entendu, il est plus facile d'être Leader lorsque l'on peut disposer de meilleurs enseignants et que l'on ne passe pas la moitié de son temps à chercher à manger ou à dormir convenablement. Mais ces privilèges ne font pas de leurs dépositaires des « Leaders automatiques ».

Le Leader est celui qui « montre le chemin » : il répond aux urgences vraies, celles qui mettent en cause la mission, les objectifs.

À ce stade, il est important de bien définir la notion d'urgence. Pour ma part, celles qui nécessitent l'intervention du Leader sont légitimement celles qui mettent des vies en jeu. Toutes les autres urgences sont relatives.

Parce qu'il propose une solution alors que tout semble impossible et bloqué, le Leader entraine derrière lui « l'équipage », les groupes et les équipes.
Le Leader donne le cap dans la tempête, il est moteur, à l'initiative, devant.
Mais n'oubliez pas « qu'il n'y a de vents favorables qu'à ceux qui savent où ils vont ».

- o **Questions :** est-ce une vraie urgence ? Est-ce un vrai blocage ? Ma solution est-elle viable ? Laisser mon équipe « patauger » à trouver des

---

[17] Avec plus de 450 000 exemplaires par mois en 2007, et 243 000 par mois en 2017 (source ACPM), il reste un mensuel français influent.

solutions originales ou soutenir son action ? Orienter ou laisser faire ?

- **Légitimité** : elle est autoattribuée au départ de l'action, mais confirmée – ou non – par le groupe. Le Leader à l'impression ou constate une urgence dans une situation forte et boquée. Il considère qu'il y a mise en danger des personnes, du groupe, des objectifs, de la mission, de l'entreprise, du pays... et il propose d'intervenir pour sortir de cette situation dangereuse et figée.

- **Utilité** : il dispose d'une ou plusieurs solutions permettant de sortir du blocage. Entrainant le groupe à sortir du blocage, il pousse à l'action.

- **Outils principaux** : charisme, confiance en soi et – ce n'est pas un grand parleur – communication émotionnelle non verbale. Comme tous les outils, ils nécessitent un apprentissage, un entrainement qui peut être accessible à tous dans le cadre du développement de votre « intelligence émotionnelle ».

- **Limites** : hors zone de guerre, hors situation de crise forte, hors mise en cause de l'intégrité des personnes et des biens, toute « urgence » devient relative. De même, quand le Leader a trouvé une solution, et fait disparaître la situation de crise, son rôle ne se justifie plus. Dès lors, le groupe peut décider de ne plus le suivre. En dernier point, la casquette Leader peut être un outil très manipulatoire utilisée par les gourous et les sectes. La puissance émotionnelle est alors mise en œuvre pour forger des servitudes, et non rendre service. Son utilisation est donc liée à l'éthique : mince filet de protection qu'il est nécessaire de contrôler.

4.D – Casquette N° 3 : le CHEF

« La tête » : il ordonne, décide, distribue les tâches à ses moyens humains, il tranche et prend les décisions, sans forcément consulter ses collaborateurs. Ce n'est pas un parangon de démocratie.

Il dispose d'une légitimité hiérarchique pour choisir des priorités, dans le cadre de ses objectifs, et porte les symboles de cette autorité.
Dans un pays qui a aboli les privilèges depuis plus de 200 ans, ceux-ci sont encore bien vivaces : uniforme, casquette – « couvre-Chef » – épaulettes, barrettes, décorations, couleurs différentes… mais aussi étage élevé dans la tour ; importance du nombre de mètres carrés et de fenêtres du bureau ; importance de la taille de la table de réunion dans ce même bureau ; hauteur de la moquette ; largeur du fauteuil ; accès au « mess » des officiers ; accès aux « petits salons » des cadres ; mise à disposition d'une voiture de fonction plus ou moins « sportive » et/ou luxueuse ; grande taille du smartphone, ou miniaturisation du PC portable…

- o **Questions :** Quels sont mes objectifs ? Sont-ils réalisables ? En combien de temps ? Sont-ils SMARTE[18] ? Quels sont les moyens qui me sont attribués pour les réaliser ? De quelles compétences ai-je besoin, pour moi et pour mes collègues ? Quelles sont les limites de mes attributions ? Dans quel état d'esprit sont mes collègues ? Quelles sont les limites de leurs compétences ? De quels leviers de motivations puis-je disposer ?

- o **Légitimité** : il est nommé par sa hiérarchie. Il dispose de signes distinctifs. Il a un, ou plusieurs, objectifs à atteindre.

---

[18] Simples, Mesurables, Atteignables et Ambitieux, Réalistes, Temporisés, Éthiques.

- o **Utilité** : il atteint les objectifs définis par l'entreprise.

- o **Outils principaux** : il donne des ordres, sanctionne, et organise des moyens définis dans le cadre des objectifs à atteindre.

- o **Limites** : ses territoires de compétence et de pouvoir sont limités aux objectifs définis par d'autres. Sa légitimité dépend de sa hiérarchie qui peut, en cas d'échec, se servir de lui comme « bouc émissaire », ou « fusible ». Sa marge de manœuvre est donc restreinte. Le piège le plus courant est de cacher ces limites en transformant la directivité des ordres en « abus de pouvoir », pour éviter toute discussion. Or plus les personnes sont compétentes, plus elles aspirent à comprendre le sens de leur action et résistent à un ordre péremptoire. Un « petit-chef » naît alors et crée autour de lui « une équipe de bœufs »[19], docile, mais ayant perdu ses compétences.

4.E – Casquette N° 4 : le MANAGER

Le « maître du manège », le « couvre-Chef » : il organise, délègue et répartit les rôles, responsabilise et développe les compétences.

C'est lui qui donne du sens : il peut être à la fois chef d'orchestre, musicien, compositeur, producteur, créateur. Il s'occupe des équipes et des moyens qui leurs sont nécessaires dans le contexte examiné.

C'est un rôle transcendant et transverse : il peut utiliser tous les autres rôles, postures et « casquettes » à sa disposition

---

[19] Expression utilisée comme excuse par l'un de mes stagiaires en stage de management.

en fonction des besoins. C'est un rôle récent, historiquement daté de la fin du siècle précédent.

- **Questions :** Quelle est ma mission ? A-t-elle été clairement définie ? De quelles ressources ai-je besoin pour la réaliser ? De quelles compétences, pour moi et mon équipe ? En combien de temps ? Que me manque-t-il, en matière de compétences, en matière de moyens ? Comment les acquérir et réduire ces manques ? Mon équipe a-t-elle conscience d'être une équipe ? Comprend-elle les enjeux de la mission ? Est-elle motivée ? Par quoi ? Comment me voit-elle ? Pourquoi ?

- **Légitimité** : il a une mission transverse comprenant de nombreux objectifs intermédiaires.

- **Utilité** : il gère des moyens humains, techniques, organisationnels, et des ressources financières… pour conduire un changement.

- **Outils principaux** : Un « territoire de compétence et de pouvoir » large, défini par sa mission. S'il assume son territoire de Manager 4.x, il dispose de 6 rôles « casquettes », six postures-outils qu'il utilise tour à tour en fonction des besoins. Il délègue, organise, forme – ou fait former – et décide. Ses compétences doivent être multiples et se développer autour des techniques de management, de communication, d'organisation, de gestion de projet, de gestion des conflits et de conduite du changement.

- **Limites** : le Manager est un chef d'orchestre, mais il doit de temps à autre « mettre la main à la pâte ». Il devient opératif quand il prend conscience que l'une ou l'autre de ses « casquettes » est plus efficace pour cette action particulière à ce moment précis. Il doit en permanence douter, tout en affirmant sa confiance en lui, déléguer, mais contrôler, orienter et stimuler sans imposer. Le Manager est aussi un rôle de pouvoir. De fait, il peut s'opposer ou contrarier le pouvoir de décisionnaires plus puissants que lui.

Le Manager utilise ces quatre premières postures-outils principales, et peut compléter son action par deux rôles complémentaires :

4.F – Casquette N° 5 : le COACH

Celui qui « conduit la diligence »[20]. Le Coach professionnel s'occupe des individus, les motive, les aide à se former, à s'épanouir, à comprendre mieux, à se sentir mieux, à travailler mieux et être plus productif[21].

C'est aussi un rôle transverse qui peut utiliser tous les autres rôles, mais pour un objet spécifique : la personne professionnelle. Comme une chaîne, l'équipe est aussi forte que le plus faible de ses maillons : c'est le Coach qui renforce l'équipe en renforçant les « maillons faibles » et en développant les compétences individuelles.

- o **Questions :** Qui est mon collègue ? Quelles sont ses forces et ses faiblesses ? Quelles sont ses principales compétences ? Et ses axes de progrès potentiels ? Quels sont ses besoins et ses attentes ? Quels sont les principaux leviers de motivations qui vont le faire agir ?

- o **Légitimité :** celle du Manager.

---

[20] Mot sans doute d'origine anglaise (coach = diligence), mais qui, à partir de l'italien « *cochio* » et/ou de l'allemand « *Kutsche* » a donné « *cocchier* » puis « *cocher* » en français au Moyen-âge.
[21] À ne pas confondre avec le rôle du « *coach sportif* », un peu différent et spécialisé.

- **Utilité** : centrée sur l'individu professionnel et ses compétences.

- **Outils principaux** : empathie, technique de coaching. Postures et outils du Manager exercés au profit de la progression d'une personne.

- **Limites** : coacher quelqu'un est une compétence en soi. Cela ne s'improvise pas et s'apprend, comme les autres postures-outils. De plus, un coach professionnel, même s'il est mandaté par une entreprise, doit se garder de tout jugement de valeur. De même, il doit aussi se garder de rentrer dans l'intimité du coaché. Deux données qui peuvent s'avérer contradictoires avec les intérêts de la mission.

4.G – Casquette N° 6 : l'ÉCLAIREUR

Celui qui « éclaire » l'avenir : extension du Manager, il anticipe, prévoit, observe, prend du recul, informe, cherche de nouvelles voies, imagine, cherche de nouveaux chemins.

- **Questions :** Quel sera l'état de mon entreprise, de mon équipe, des individus au sein de l'équipe, de moi-même, dans 1 an ? 2 ans ? 5 ans ? Qu'est-ce qui serait intéressant de développer, à quelle échéance ? Quelle formation, pour rester compétitif ? Quelle évolution technique peut bien nous aider, ou nous contrarier ? Comment mettre au point une veille technologique efficace ?

- **Légitimité** : celle du Manager, dans sa mission, mais aussi celle du Moi, dans sa quête de survie.

- **Utilité** : anticiper, prévoir, orienter, pour décider, s'adapter, et survivre.

- **Outils principaux** : intuition, recherche, « brainstorming », « benchmarking ». Veille technologique. Échange avec R&D[22] de l'entreprise. Travail commun avec le service marketing. Postures et outils du Manager, analyse personnelle.

- **Limites** : sans mandat du commanditaire de la mission, l'Éclaireur peut passer comme intrusif et hors de son territoire de pouvoir. Si la mission a été décrétée avec des « clauses et intentions cachées », par exemple, l'Éclaireur peut, sans le vouloir, découvrir des éléments qui la rendent inutile, ou dépassée, ou au contraire, riche d'un futur en expansion. D'obtenir des éléments prévisionnels ne veut pas dire que l'on détient la vérité. Ni que cette vérité est bonne à détenir et à dire.

---

[22] Recherche et Développement

Schéma des rôles managériaux

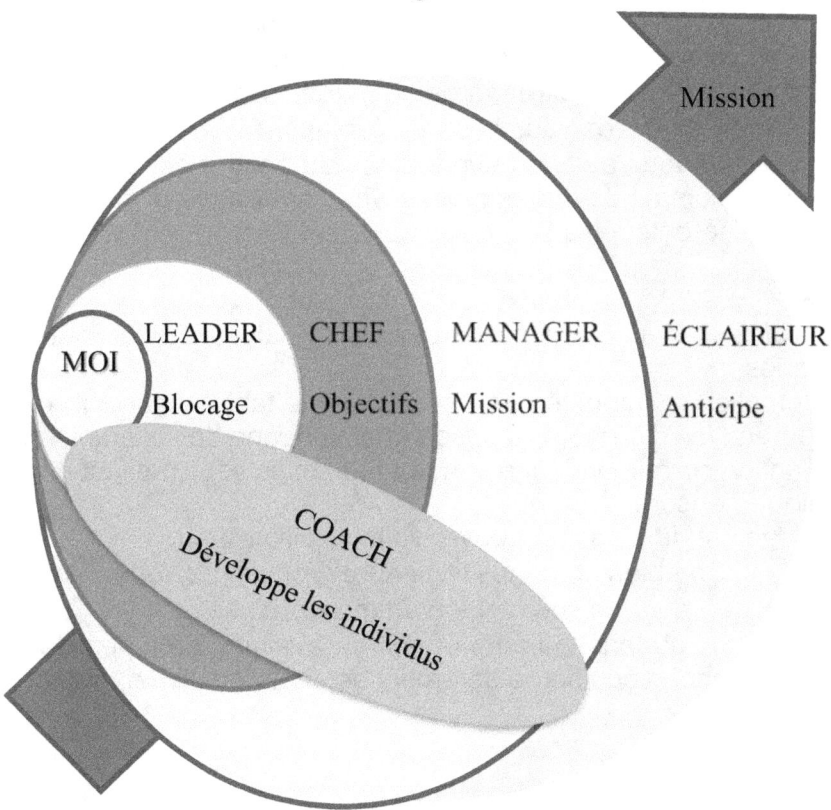

4.H – Un « bon » Manager 4.x ?

Un « bon » Manager 4.x est donc quelqu'un qui peut assumer et utiliser l'ensemble de ces « casquettes », de ces postures-outils, et qui leur laisse – ou mieux, qui leur organise – une place dans son emploi du temps. Les six postures-outils ont leur utilité, et leur légitimité. Elles devraient donc être utilisées (idéal) à équilibre (relatif) de temps.

Il est donc important de faire un état des lieux :
- Êtes-vous Manager 4.x ou « seulement » Chef ?
- Avez-vous des objectifs ou une mission ?
- Quelle est votre place dans la production ?
- Quelle est votre marge de manœuvre ?
- Que devez-vous encore développer ?
- Si vous avez une vraie fiche de poste de Manager, comment vous organisez-vous pour assurer vos différents rôles ?

Analyse des pratiques

Voulez-vous faire un petit exercice d'analyse de vos pratiques ?

Remplissez, honnêtement, pour vous, le tableau suivant. Il reprend les différentes « casquettes », donne des exemples d'action correspondant à chaque rôle, mais vous pouvez en ajouter encore.

L'idée est de réussir à trouver votre équilibre :
- Combien de temps (en heure) consacrez-vous…
- … sur une semaine ou un mois ordinaire
- … et dans le cadre de votre travail de Manager, de chef d'équipe ou de projet, de chef de service, à…

Rôle « Casquette »	Exemple d'action	Tps en h	%
Moi	Votre développement personnel ; votre formation et information ; méditation et réflexion ; bien être ; sport ; … • Conférences ; formation ; lecture de livre ; études de cas ; sports individuels et collectifs ; … • Autre :		
Leader	Aller sur le « terrain » ; faire la « tournée des popotes » ; se confronter à la réalité d'un service ; débloquer des situations de conflits ; résoudre les problèmes ; … • Visite de chantier ; déjeuner de travail avec l'équipe ; inspection surprise ; rencontre avec les décideurs ; … • Autre :		
Chef	Ordonner ; vérifier la progression des objectifs collectifs ; mettre « de l'huile dans les rouages » ; résoudre les conflits collectifs ; … • Réunion de travail ; suivi de chantier ; organisation d'équipe ; résolution de problèmes ; … • Autre :		
Manager	Prévoir à moyen terme ; organiser une stratégie ; rapprocher des moyens matériels et humains ; développer les compétences au sein de ses équipes ; déléguer ; motiver ; lancer des projets ; des études ; …/…		

.../...	<ul><li>Réflexion stratégique sur l'organisation et ses améliorations potentielles</li><li>Brainstorming et analyse de situation ;</li><li>Actes de gestion ; gestion et direction de projet ; préparation de réunion ; réunion d'information ; réunions de décisions ; rédaction de rapport ; rapport d'expérience (REX) ; bilans « post mortem » ; rapport d'étonnement ; organisation ; gestion ; prévision budgétaire ; ...</li><li>Analyse et développement des compétences ; formation ;</li><li>Autre :</li></ul>			
Coach	Gérer les individus, les recevoir ; les écouter ; les développer ; les motiver ; résoudre les conflits interindividuels ; former ; tutorer ; ...<ul><li>« Remontée de bretelles » ; entretiens individuels de progrès ; entretiens de régulation ; de gestion de conflits ; ...</li><li>Autre :</li></ul>			
Éclaireur	Anticiper ; faire du « benchmark » ; imaginer de nouveaux projets ; rencontrer de nouveaux partenaires ; ...<ul><li>Visite d'entreprise et de chantiers extérieurs ; club d'entrepreneurs ; lecture de livre ; écoute et recherche de reportages télévisés ; recherche d'emploi ; ...</li><li>Autre :</li></ul>			
Total	(le total doit faire 100%)			

Une répartition efficace serait équilibrée autour d'une majorité de postures managériales. Mais dans la plupart des cas, le développement personnel ainsi que le développement du personnel, sont sacrifiés au profit d'un Chef surdimensionné. Le Coach et l'Éclaireur se désespèrent alors dans une réunionite chronique, et le Manager, finalement, disparaît au nom de « l'urgence », de la pression, du « manque » de temps, de moyens, de pouvoir… ou de compétences.

Attention, si vous en êtes là : votre pouvoir managérial est affaibli, et vous risquez d'être contaminé par le « Syndrome de la Patte Molle »…

60 Le Manager 4.x

5 – Le « Syndrome de la Patte Molle »

Nous avons vu les « six casquettes » du Manager. Elles semblent simples à mettre en œuvre, mais ce n'est pas simpliste. Ces postures sont fragiles : la pression ambiante, la routine, le regard +/-, positif ou négatif des autres, les instructions d'un « petit Chef » malveillant et manipulateur, un accident de parcours non assumé, et vous (re)plongez dans l'autoritarisme latent qui identifie toutes entreprises en crise.

C'est le début du « Syndrome de la Patte Molle »

Un syndrome est « un ensemble de symptômes qui peuvent identifier une maladie », mais aussi « l'ensemble des comportements d'un groupe de personnes qui ont subi une expérience traumatisante ».
Et depuis le 11 septembre 2001, de crise en crise, nous sommes bien dans le « post-traumatique »…

Le « Syndrome de la Patte Molle » n'est que la partie émergée d'un iceberg managérial gigantesque, mais « contaminé », qui gangrène la vie de nos entreprises. Il fait baisser la productivité, diminue la créativité et la proactivité, augmente les malfaçons, le turn-over, l'absentéisme, les accidents du travail et finit par provoquer burn-out et nombres de suicides.

Ce syndrome est donc, avant tout, un marqueur de l'état de la chaîne managériale d'une entreprise, mais un seul dirigeant ou cadre contaminé peut rendre malade toute l'entreprise.

5.A – Un syndrome de sept symptômes

Parlons tout de suite du remède, car il existe : c'est la mise en œuvre d'un management 4.x, avec pour fer de lance, des Managers 4.x.

C'est un remède complexe, car la « maladie » est elle-même complexe. Mais heureusement, comme il existe des « vaccins », certaines entreprises, soucieuses des hommes et des femmes qui les composent, pourront être « sauvées ».

Une « multi thérapie » drastique, verticale et transversale, sera donc nécessaire, car le « virus » touche toute l'organisation – et toutes les organisations – transmis par la chaîne de commandement.

En attendant que « l'Entreprise », ce grand corps improbable, développe un jour sa batterie d'anticorps, à votre niveau, vous n'êtes quand même pas obligé d'accepter d'être un Manager « contaminé » ! Ni accepter d'être sous les ordres d'un petit Chef « infecté »…

Vous pouvez – vous devez, car cette « peste » est contagieuse – mettre en place vos « médecines » personnelles… avant d'aller chercher fortune ailleurs si vos « supérieurs » hiérarchiques ne vous suivent pas. Après tout, ce ne sont pas les entreprises qui manquent ! Et en dernier ressort, vous pouvez tenter de créer la vôtre : la notion de carrière a bien évolué depuis le millénaire dernier, et votre expérience de Manager 4.x peut intéresser beaucoup de monde !

Cette « maladie », vous pourrez la diagnostiquer autour de l'expression de sept symptômes, complémentaires entre eux.

Pour les identifier, prenons un exemple, et voyons comment se présente le « grand corps » quand il tombe « malade » :

5.B – L'exemple du nouveau Chef

Sans le savoir, sans le vouloir, mais sans réfléchir non plus, Vous, le nouveau Chef, pouvez déclencher dans votre équipe, dès la première minute, un « Syndrome de la Patte Molle ».

Par exemple, vous avez convoqué une réunion pour vous présenter. Élément positif, pourquoi pas ?
Mais votre propre stress vous paralyse : accaparé par votre N+1, par une inondation de mails inintéressants, vous arrivez en retard.
Tout le monde est là. Tout le monde veut voir le nouveau et l'entendre.
Un peu culpabilisé, vous ne regardez personne en face, serrez mollement (ou trop fermement) des mains qui ont du mal à se tendre et, centré sur votre prochain discours, balbutiez quelques formules de politesse incompréhensibles.
Votre équipe ne s'attendait pas à cela.

Le malaise que vous percevez en retour de votre arrivée maladroite en ajoute à votre propre stress. Et quand vous démarrez votre intervention, c'est d'une voix trop forte, sur un rythme trop rapide. Le ton est plus agressif que convaincant. Vous agitez vos mains, marchez de long en large, et finalement, vous sentez que votre discours soigneusement préparé « n'accroche pas » vos auditeurs.

La conséquence de votre attitude est le déclenchement immédiat du Syndrome. En quelques instants, vous venez de créer chez les participants deux éléments de stress primaires, sous l'expression de deux émotions fondamentales : la peur et la colère.

La peur entraine « la fuite », et la colère, « l'attaque » : dans les deux cas, vous, le Chef, avez gagné votre journée, et sans doute gangréné les années à venir…

Vos collaborateurs attendaient un Leader, quelqu'un qui montre le chemin, et débloque une situation bloquée par le départ de l'ancien directeur. Vous avez seulement montré que vous pouviez être un Chef, agressif, car peu sûr de lui. Ce n'était pas le moment opportun. Vous n'avez, de toute manière, pas démontré que vous pouviez être un Manager respectable. Juste que vous saviez plomber l'ambiance.

Premier symptôme : « on » vous attend !

En premier symptôme, vous vous êtes fait attendre.

Le privilège du « roi », quand bien même certains d'entre eux donnaient l'exactitude comme une vertu.

Vous êtes arrivé après tout le monde.

Même si vous étiez arrivé à l'heure prévue, vous avez généré un stress chez vos collaborateurs, qui ont sans doute autre chose à faire. Des dossiers en retard, par exemple, ou des réponses à des questions d'un client, ou une centaine de mails en attente, etc.

À arriver en retard, vous méprisez l'importance de leur travail. De fait, ils concluent immédiatement que vous les méprisez, eux, ce qui engendre leur colère en retour.

Cette frustration sera d'autant plus intense que la pression du temps est manifeste dans l'organisation du travail de l'équipe, ou que la réunion aura été programmée de trop bonne heure ou trop tard – après seize ou dix-sept heures – ou que l'ordre du jour est inexistant, ou inadapté.

La réunion n'est pas le meilleur « premier moyen » pour présenter un Manager 4.x à son équipe. La casquette Coach est une approche beaucoup plus efficace.

Après la classique « visite organisée » par votre propre « N+1 », tout en expliquant votre démarche, prenez le temps de découvrir les particularités et les personnalités qui la composent. Seulement à partir de là, lancez votre « invitation ».

Pesez chaque mot, laissez le temps au temps.

Le jour « J », arrivez avant tout le monde, vérifiez les conditions matérielles de la salle, la sécurité, la propreté, le rangement, la documentation. Si nécessaire, installez votre ordinateur, connectez-le au rétroprojecteur et testez-le.

> *Pause-café ? Toilettes ? Évacuation en cas d'urgence ? Vous êtes responsable ou vous ne l'êtes pas ! Il y a des services pour cela ? Tant mieux, mais cela n'empêche pas de contrôler et de travailler à l'amélioration du confort et du bien-être général au travail !*

Deuxième symptôme : vous êtes stressé !

En second symptôme, vous manifestez votre stress sous la forme d'une mauvaise humeur agressive. Cela se voit à votre masque facial peu engageant : c'est le « smiley » classique « ☹ » !

Vous avez caché votre peur sous une attitude que les réflexes de vos interlocuteurs vont interpréter comme de la colère et encore du mépris.

En ne regardant personne, votre mauvaise humeur est palpable. Chacun de vos interlocuteurs se sent alors « coupable ». Il ne sait pas de quoi, mais vous, vous le savez : si vous ne le regardez pas, lui, personnellement, c'est que vous devez avoir une bonne raison.

Et comme vous ne regardez personne… toute votre (future) équipe ressent votre peur.

> *Le Manager 4.x va préparer cette rencontre en travaillant sur son visage (et dans sa tête, et dans sa voix) le message émotionnel qu'il veut transmettre : confiance, détermination, sérénité. La casquette Leader est la plus efficace dans cette situation.*
>
> *Souriez du plaisir d'être là : vous êtes sûr de vos propres compétences managériales, de la réussite de votre projet commun, vous êtes sûr de l'adhésion de votre équipe, de sa capacité à aboutir.*
>
> *Calmez-vous : contrôlez vos mains, vos pieds. Allez aux toilettes avant que tout le monde arrive. Prenez un thé ou un café,*

> *chaud, mais léger. Un bonbon (pour l'haleine) ou un gâteau sec (pour le sucre).*

Votre stress est né de consignes inappropriées. Vos supérieurs hiérarchiques vous ont fait comprendre que vous devez « booster » votre nouvelle équipe. La mission la plus claire qu'ils vous aient donnée est de « secouer le cocotier » d'un groupe qui « ronronne » trop. Et bien entendu, ils vous tiennent pour « personnellement garant de l'augmentation des résultats ».

La responsabilité de la chaîne de commandement est ainsi engagée dans un processus qui va aboutir au contraire de l'effet espéré. Rien n'a été dit clairement, aucun objectif précis n'a vraiment été défini, aucun critère de résultat n'a été négocié. Bien entendu, rien n'a été écrit. Mais vous savez bien que c'est là qu'ils vous attendent : « au tournant ».

> *En ouverture, le Manager 4.x donnera le ton, positif, et fera le point des objectifs de la réunion. La casquette Manager est la bonne posture.*
>
> *Votre mission s'inscrit dans un projet plus grand : elle a du sens.*
> *Comme vous connaissez votre équipe, vous pourrez associer chaque objectif intermédiaire à l'un de ses membres.*
> *Vous devez vous faire connaître, vous devez mobiliser l'équipe, vous devez engager l'action. Mais votre pression n'est pas la leur : eux, ils ont un besoin urgent de savoir si vous êtes compétent, si vous avez du leadership, si vous allez les respecter, les associer et les faire progresser dans la réussite.*

Le Manager 4.x

Un Chef stressé stresse son équipe.

Nous sommes toujours dans l'exemple du nouveau Chef qui arrive. Reprenons.

Vous êtes stressé de la plus mauvaise manière : un stress négatif. Vous vous sentez vous-même « en danger », et vous n'aimez pas ça.

Cette situation vous met en colère, d'abord contre vous-même : vous ne pouvez plus fuir puisque vous avez accepté, au moins implicitement, la pression de vos supérieurs sans protester. Vous vous êtes « couché », pour leur faire plaisir, pour survivre, vous aussi. Conséquence de cette colère contre vous-même, vous n'êtes pas bien dans votre peau. Et cela vous rend agressif : le marqueur d'une « soumission non acceptée » !

Vous le savez, et la culpabilité a tendance à vous ronger. Vous avez peur, car vous vous sentez faible, et cette faiblesse vous touche, vous mine, et finalement, vous immobilise, vous inhibe, dans des postures socialement contestables.

> *Si le Chef n'a pas la possibilité de dire « non » sans se mettre professionnellement en danger, le territoire de pouvoir et de compétence du Manager 4.x l'oblige, lui, à apprendre à savoir dire « non ». Avec le savoir demander du soutien, c'est un apprentissage obligatoire dans le cadre de sa mission.*

L'inhibition est un état généré par l'impossibilité de votre « cerveau reptilien », maître des réflexes, du stress et de la survie, de trouver une solution – Fuite ou Attaque ? – à un danger annoncé.

C'est le lapin qui a vu la buse qui a vu le lapin, et qui plonge ! Le lapin s'immobilise au milieu du pré « des fois que la buse ne le voie pas ».
Fuite ou Attaque ?
En réalité, votre cerveau reptilien est incapable de choisir entre ces deux pulsions réflexes : les deux ont leurs avantages et leurs inconvénients, et il le sent bien.

Souvent trop tard, il tentera à la dernière fraction de seconde une action désespérée pour éviter les serres mortelles qui veulent le saisir.
Souvent, la buse gagne son repas… grâce au lapin.

La colère ? Une émotion à double tranchant !
Pour revenir à la colère, la tradition de transmission des compétences a longtemps utilisé cette émotion pour pousser « l'autre » à l'action. Toutes les armées du monde s'en servaient pour faire avancer leur troupe. Le soldat devait être soumis par la peur à son sergent-instructeur, qui le poussait à concentrer sa colère pour qu'il devienne plus dangereux pour ses ennemis.
Mais ça, c'était « avant ».

La colère peut éventuellement provoquer un conflit, et le conflit générer un stress fondateur, moteur de changement. Mais ici, retournée en premier contre vous, alors que vous êtes en charge d'équipe, elle obtient l'effet inverse de celui recherché par « les Grands Chefs », vos « supérieurs » qui se gardent bien d'entrer dans la mêlée managériale pour vous aider en quoi que ce soit.

La colère est une émotion qui pousse à l'action, mais il est compliqué de la mobiliser positivement. Émotion fondamentale de survie, bien spécifique, elle s'exprime en « contre », et surtout, « contre l'autre » !

Pour compliquer l'affaire, elle dispose d'un double « starter » de lancement.

Le Manager 4.x

La colère : en premier déclencheur, un signal de menace imminente.

Son premier déclencheur se manifeste quand notre « cerveau reptilien », notre « crocodile », perçoit un danger jugé comme trop proche : il n'est plus temps d'avoir peur, car la fuite est impossible, ou inefficace ! L'autre est passé trop près, vous a bousculé, a percuté votre « bulle de confort », vous a marché sur les pieds...

Alors que la peur mobilise le bas du corps pour fuir au plus vite, la colère mobilise le haut du corps pour se battre : vous devenez rouge de colère pour mordre, vos poings se ferment pour frapper, griffer, ou contrer l'attaque, et le ton de votre voix passe en mode « cri » pour impressionner votre agresseur ou appeler au secours.
Nous sommes là dans un danger (réel ou virtuel, imaginé), qui nécessite – qui provoque – une (ré)action immédiate – et souvent violente – pour survivre.

Le danger réel (celui qui met des vies en jeu) apparaît sous la forme d'une agression physique : nos sens nous disent qu'il y a quelque chose qui nous menace. Comme un sol qui bouge ; comme un objet, ou quelqu'un, qui se précipite dans notre direction ; comme une chaleur intense qui nous dit qu'il y a le feu quelque part ; comme une sensation de froid qui nous avertit d'un changement d'environnement ; comme l'odeur désagréable de l'huître que l'on va gober...

Le danger virtuel n'a pas de limites

Le danger virtuel, lui, n'a de limites que celles de notre imagination, et pour décors l'univers de nos peurs, individuelles et collectives.
« Même mort, tu as peur du serpent ! » dit un proverbe africain.

Virtuelle ou réelle, la perception d'une menace proche déclenche la colère.

La colère : en second déclencheur, la perception d'une valeur trahie !

Nous ne sommes pas en zone de guerre, en danger vital, et pourtant, la colère nous « prend » de temps à autre, sans « menace » identifiable, avec les mêmes effets destructeurs : votre colère devient alors collectivement et socialement incompréhensible !

C'est que la colère a un deuxième starter !
Ce deuxième déclencheur de la colère est une « valeur trahie » importante pour vous. Vous êtes alors en colère contre l'autre qui bouscule vos certitudes et vos croyances.
Ce qui vous semble important est insignifiant pour l'autre. Ce qui vous semble essentiel est superficiel pour lui. Ce qui vous semble urgent ne l'est pas pour lui.

Dans cette histoire de nouveau Chef, vous avez senti que vous trahissiez vos propres convictions, en acceptant une pression non justifiée de la part de vos supérieurs.
« L'autre », ici, c'est vous.
C'est contre vous que vous êtes en colère. Pourtant vos équipiers ne le ressentent pas ainsi, ne le comprennent pas ainsi, et sans explication, ne peuvent pas le comprendre. Comme toutes émotions, la colère est « contagieuse » : ils prennent cette colère contre eux, et cela n'est pas sans conséquence.

Troisième symptôme : trahison du « Code du Regard » !

Premier symptôme, donc, vous vous faites attendre.
Deuxième symptôme, vous manifestez une colère non expliquée.
En troisième symptôme, vous ne respectez pas le « Code du Regard » : votre « mauvaise humeur » s'accompagne d'un « non-regard ».

Chez les grands singes, dévisager l'autre est considéré comme une forme d'agression et de défi. C'est le signe rituel d'une volonté d'engager un rapport de force qui peut conduire soit à l'écrasement de l'autre, à sa disparition du territoire, soit à une nouvelle hiérarchie renforcée qui se traduira elle-même par d'autres signes rituels de domination/soumission.

Respecter les codes !
Nous autres, hominidés, à force de destruction et d'équilibre de la terreur, à force aussi de socialisation, de culture et d'éducation, avons développé depuis l'utilisation du premier outil une version sociale du regard, où la diplomatie – surtout sous forme de séduction – a son importance, ses rituels et ses codes.

Ne pas regarder l'autre, selon la prescription communément admise dans l'espèce, est donc devenu au fil des millénaires le signe d'une défiance, d'une hostilité pouvant présager, conduire, ou entrainer un conflit.

A contrario, regardez un gorille dans les yeux et, si vous survivez à la suite du programme, vous comprendrez combien il est important de respecter les « codes du regard »… et du « non-regard ».

L'empathie c'est décoder les émotions des autres.
Nous sommes « programmés » dès la naissance, et nous nous entrainons toute notre petite enfance, sinon toute notre vie, à lire les émotions sur le visage de « l'autre » et ses intentions dans sa posture corporelle. C'est l'empathie, cette compréhension de l'autre que chacun développe et perçoit selon ses besoins et ses expériences.

Votre colère, même dirigée contre vous-même, est perçue ici – avec en multiplicateur l'intensité de votre « non-regard » – comme un signal d'hostilité… du Chef au groupe. Le « grand singe » dominant ne nous aime pas, c'est évident même si nous ne comprenons pas pourquoi !

Décoder les émotions des autres est d'abord un réflexe facilitant la survie collective : fuite ou attaque sont des réflexes de survie actionnés automatiquement par notre « cerveau reptilien ». Quelques millisecondes entre la perception du danger et notre réaction. Nos yeux, et plus généralement nos sens, détectent un danger potentiel, réel ou virtuel, et notre cortex réagit avant même que nous ayons conscience de ce danger.
Si un danger est perçu par quelqu'un, il va d'abord avoir peur. La peur incite à un réflexe de fuite.

Qu'importe qui a peur en premier : la peur de l'autre va se voir.
Je vais la voir, et je vais ressentir la même peur.

> Vous avez peur ?
> Cela se voit !
> Du coup, ils vont tous avoir peur !
> Comme vous voyez en retour qu'ils ont peur, vous avez « encore plus » peur…
> Etc.

Les émotions sont « contagieuses », par empathie : c'est un avantage de survie de l'espèce ! À comprendre que l'autre a peur, je vais ainsi pouvoir fuir ce danger que je ne vois pas, mais que l'autre a perçu. Je ne sais pas pourquoi je cours, mais je cours !

Et sur mon visage, j'ai moi-même le masque de la peur que d'autres, que je croise, vont pouvoir déchiffrer à leur tour. Ainsi, une panique naît, et peut faire courir une foule pour éviter l'attentat, ou, pour des émotions positives, lancer une « Ola » dans le stade.

Il suffit donc d'une fraction de seconde à l'équipe pour percevoir votre colère, ou votre peur, et la partager. C'est inconscient.

Le Manager 4.x

> *Le non-verbal, les émotions et l'empathie sont les outils principaux du Leader, l'une des postures-outils du Manager 4.x.*
>
> *L'empathie n'est pas la capacité magique de se mettre à la place de l'autre. Ça, ce serait de la « télépathie », et jusqu'à présent, cela ne marche pas vraiment.*
>
> *L'empathie, c'est la sensibilité que nous développons à percevoir les masques émotionnels sur le visage de l'autre et à décoder son attitude corporelle.*
>
> *Il est en colère ? Contre moi ? Pourquoi ? Qu'est-ce que j'ai bien pu faire ? C'est injuste ! S'il s'approche de trop, il va voir ce qu'il va voir !*

C'est le Chef, il a du Pouvoir

C'est le Chef, il a du pouvoir et/ou de la force et, sans raison connue, sa colère est perçue comme hostile et dangereuse pour ses interlocuteurs, pris individuellement, puis collectivement. Chacun se sent personnellement visé, sans savoir pourquoi. Chacun a peur et cela se voit : la peur de l'un devient la peur de l'autre.
Mais vous aussi, vous voyez leurs peurs et, sans explication, cela peut vous faire perdre confiance en vous… ou accentuer votre colère.

Du sentiment de « faute » (qu'ai-je fait pour qu'il soit en colère ?) à la « culpabilité » (que n'ai-je pas fait pour qu'il soit en colère ?), il n'y a qu'un pas que certains vont aussi franchir dans les secondes qui vont suivre.

Si chaque réunion commence sur ce rituel du Chef (il arrive, en retard, visage fermé, ne regarde personne, ne salue personne, et parle sur un ton agressif...), les participants vont progressivement apprendre à anticiper leur propre peur, et à se préparer à agir selon l'attitude de fuite ou d'attaque qui leur semblera la plus appropriée... pour assurer leur sauvegarde, leur « survie ».

Pour compléter le tableau, quelle que soit la raison de votre colère, celle-ci déclenche chez vous une pulsion d'attaque ! Elle se traduit « spontanément » par votre « envie de mordre » ! Et tant pis pour celui qui osera s'opposer à vous.

La résonnance empathique : un miroir centripète

Émettant inconsciemment des émotions négatives violentes, vous recevez, en miroir, en « résonnance empathique », la colère et/ou la peur de vos interlocuteurs.
Préoccupé, centré sur vos propres émotions, bousculé par celles des autres, vous vous coupez de votre environnement et vous ne pouvez comprendre que vous êtes l'unique émetteur de la colère que vous percevez en retour. Les autres vous sont hostiles ? Ils vont donc « voir ce qu'ils vont voir ! »

Votre colère s'autoalimente de ce qu'elle crée comme réponse, comme feedback, de la part du groupe.

Mais comme cette colère d'écho est virtuelle (puisqu'il n'y a pas de réel danger perceptible dans votre environnement immédiat), vous allez entretenir artificiellement votre agressivité qui, elle-même, va apparaître de plus en plus injuste à des subordonnés qui la comprennent de moins en moins.

La mécanique infernale est lancée sur ses rails, avec une responsabilité collective de la chaîne hiérarchique et votre responsabilité individuelle, vous qui n'avez pas su – ou voulu – dire « non » et agir autrement.

« Injuste » est une valeur. Pour l'équipe, de l'injustice à la révolte, il n'y a qu'un pas, et la boucle est bouclée d'une perte de crédibilité et d'autorité immédiate du nouveau Chef : à un contre tous, il est affaibli, et cela se sait.

> *Le Manager 4.x travaille sur ses émotions, et sur la gestion de ses stress. Il est conscient que ses attitudes peuvent provoquer des réactions émotionnelles inadaptées. Il maîtrise aussi l'utilisation de la casquette Leader.*
>
> *Calmez-vous, raisonnez-vous : il n'est plus temps d'être en colère.*
> *Souriez, concentrez-vous sur des éléments positifs de réussite.*
> *Vous êtes Manager 4.x : vous n'avez pas un groupe de subordonnés devant vous, mais une équipe de collègues aux compétences multiples.*
> *Regardez-les, un par un : pour les faire exister ! Vous avez besoin d'eux et ils comptent sur vous. Soyez sincère, et positif.*

Quatrième symptôme : attaque et fuites !

Face à la colère apparente du Chef, qui enclenche la peur du groupe, les primates que nous sommes vont donc avoir un premier réflexe de fuite, sous plusieurs formes différentes.

Mais une partie d'entre eux, les plus compétents et autonomes, vont se positionner très vite sur une stratégie d'attaque. Ils vont constituer une force d'opposition active qui n'aura qu'un seul but : « supprimer » ce Chef agressif.

En attendant que cette « task force » soit opérationnelle, le groupe subit une nouvelle frustration, car il n'est pas possible de sortir de la salle : trop tard, le Chef est arrivé ! La réunion commence…

La peur nous pousse à courir, pour fuir le danger, et il nous est impossible de le faire dans un lieu où la moindre des politesses est de ne pas perturber la bonne tenue de l'assemblée.

Notre stratégie d'évitement, faute de pouvoir disparaître physiquement et instantanément du lieu où se tient la réunion, va néanmoins pouvoir s'exprimer selon cinq modes de fuite, classiques et redondants.

Première solution de fuite : se faire « tout petit », baisser la tête.
Les personnes ayant « choisi » ce mode de fuite vont se replier sur elles-mêmes en espérant se faire oublier. Elles ne parleront que le strict minimum, et encore, uniquement si vous le leur demandez expressément et personnellement. Leur regard est fuyant, leur approbation hypocrite et leur future implication inexistante.

Seconde solution de fuite : l'urgence extérieure.
Une petite partie des participants va se trouver des excuses urgentes pour éviter de venir et, à défaut, pouvoir sortir avant la fin.
Comme il est difficile de trouver une urgence crédible plus importante que d'écouter le discours du Chef, seulement une personne, au maximum deux à trois pourront, par réunion, obtenir satisfaction à leurs peurs de cette manière.
Cette excuse évènementielle exceptionnelle ne pouvant servir de semaine en semaine, ils vont développer une propension à tenter de ne pas revenir la semaine suivante.

Troisième solution de fuite : « botter en touche » !
Une partie des participants vont finalement apprendre à jouer au jeu du « J'ai-Fait-Mon-Job-Rien-Que-Mon-Job-Je-L'Jure », une version soft du « Pas-Nous-Pas-Nous », elle-même variante light du « C'est-Pas-Moi-C'est-L'Autre-Et-J'En-Ai-Les-Preuves ».

Quatrième solution de fuite : jouer l'impuissance !
Cette avant-dernière catégorie de participants va tenter de contrer la colère du Chef par le renvoi en miroir d'une forme de colère fictive – en fait, ils ont peur ! – qu'ils vont alimenter en chantant le refrain bien connu du « J'ai-Pas-Les-Moyens-Pour-Faire », complété très vite, par un « j'ai une équipe de

bœufs », suivi, mais sous le boisseau, par un « et-c'est-de-votre-faute ! »

Le manque de moyen tente de « justifier » l'absence d'action ou l'absence de résultats, mais vous avez aussi toutes les variantes du type « ici c'est différent ».
Cette dernière phrase apparaît comme un besoin de reconnaissance, que vous n'avez pas comblé par votre attitude apparemment distante et « hostile »

Dans ce jeu de rôle, dans ce jeu de masque, c'est colère contre colère, attaque et contre-attaque, mais ce faisant, les « agresseurs » s'exposent à devenir l'objet de l'attention privilégiée du Chef qui pourra ultérieurement leur octroyer la place privilégiée de « Bouc Émissaire » : ils resteront donc une minorité prudente, mais résistante.

Une partie de cette minorité, dans les grandes organisations et si le Chef monte un peu trop la pression, va très vite nourrir, un peu artificiellement et négativement, les rangs des arrêts maladie, mais aussi ceux des délégués du personnel, délégués aux CE, CHSCT, etc.

Dernière solution de fuite : le « grooming » !
Une dernière catégorie des participants va tenter de jouer une carte singulière.
Chez les grands singes, nous appelons cela le « grooming » : c'est la séance « épouillage ».
« Et que je te câline », « et que je te souris », « et que je te procure de petites attentions », des regards, des gestes de soutien, des offrandes (stylo, papier, document, chaise, boisson fraîche, café, offre d'aider au fonctionnement du vidéoprojecteur, offre de recherche de précision dans le tableau de résultats, sur Internet…).

> Les séquences de séduction de ce type tendent à faire penser que nous sommes dans le

> troisième réflexe de base de notre cerveau reptilien : le sexe.
> Mais le cerveau reptilien utilise le sexe avec une vocation de reproduction, alors que dans ce cas de figure, nous sommes sur une stratégie de survie sociale et/ou professionnelle.
> Nous ne sommes pas des bonobos, mais il n'est pas innocent de voir que 47 % des couples se forment sur leur lieu de travail.
> 57 % des femmes et 43 % des hommes déclarent être tombé(e)s amoureux(se) d'un collègue de travail[23].

Les spécialistes du grooming sont une minorité. Mais agissante, elle fournit dans les meilleures équipes des « chouchous » mielleux et des « cafteurs » parasites improductifs. À nuancer en considérant ceux qui, par besoin d'amour et de tendresse, apportent les croissants, les bonbons ou les chocolats qui rendent plus humain ce « monde de brute ».

C'est aussi dans cette catégorie que les « petits Chefs », autant que les pervers narcissiques harceleurs, vont choisir leurs victimes, avec tous les niveaux de pressions, du mépris à l'agression sexuelle.

Dans tous les cas, votre réputation est faite ! Dans les couloirs, vous devenez très vite un « petit Chef » autoritaire, psychorigide et… incompétent.

Cinquième symptôme : des résultats médiocres.

Tout ceci, bien entendu, contribue à diminuer la qualité et les résultats par inefficacité de votre équipe : nous sommes loin des rapports « gagnant-gagnant » entre la hiérarchie et les équipes de production.

L'énergie dépensée dans des stratégies de survie déployées en réponse à vos attitudes néfastes ne l'est pas

---

23 - D'après une étude menée par www.stepstone.fr en 2017

dans la créativité, l'efficacité et la productivité de l'entreprise !

Alors, changez le Chef et vous changez l'efficacité de l'équipe ?
- Oui, surtout si vous remplacez le Chef par un Manager 4.x.
- Non si l'attitude du Chef n'est que la conséquence d'une chaîne de management défaillante utilisant des idéologies ou des méthodes dépassées et inadaptées.

Et ce n'est pas fini, loin de là, car le « Syndrome de la Patte Molle » est particulièrement délétère et morbide !

Sixième symptôme : le sentiment de manque de reconnaissance !

En définitive, vous apparaissez comme ne respectant pas les « Codes de Reconnaissance » interindividuels et collectifs : « nous sommes des pions », « il n'intervient que pour nous engu... », « quoi qu'on fasse, il n'est jamais content ! », « ça ne sert à rien de se décarcasser... », etc.
Ces phrases s'entendent trop souvent, dans votre équipe, et vous ne faites rien pour changer cet état de fait par la pratique d'une « patte molle » lors de votre rencontre avec vos subordonnés.
En touchant vos premiers interlocuteurs du bout des doigts, sans leur serrer la main conventionnellement, vous déclenchez instantanément et perpétuellement la colère des individus, puis du groupe.

Ceux qui viennent d'être touchés mollement, sans être regardés, ressentent ce qu'ils prennent pour du mépris, de l'indifférence et du non-respect de la part du Chef.
Ceux qui n'ont pas été touchés ressentent la même chose avec en plus une pointe de jalousie de ne pas faire partie des privilégiés de l'attention du Chef !

Il est à noter une variante de la « patte molle » aux effets identiques : jouant les petits coqs de bassecour, vous écrasez la main tendue avec, trop souvent, un rictus de mépris aux lèvres. L'humiliation s'ajoute donc au sentiment d'exclusion, de non-respect et de dédain.

Et si, en plus, vous ajoutez une dose de sexisme au tableau... Machisme ou féminisme à outrance sont antinomiques du respect des individus.

Vous avez dit « respect » ?
Le « Code de Reconnaissance » interindividuel est propre à chaque époque, à chaque culture, à chaque groupe.
Le respecter, c'est être intégré au groupe.
Un Marseillais n'a pas le même « bonjour ! », et le même code de reconnaissance-identification – « Comment vas-tu, hé con ! » – que le Lillois, ou le Parisien, ou encore que le « check » d'un gamin des quartiers de ces mêmes villes.
Ne parlons même pas des signes d'accueils des autres cultures dans d'autres langues.

Ici aussi, nos origines primates jouent un rôle important dans la place que nous donnons, socialement, culturellement, aux Chefs, et aux Leaders. La hiérarchie archaïque de la bande, de la troupe, de la horde, puis de la tribu et du clan, a toujours des conséquences dans les relations humaines modernes.

Dégâts collatéraux de la transgression du code !
Toute omission, transgression et autre provocation, volontaire ou non, aura donc des effets secondaires qu'il vaut mieux connaître, si vous ne les supportez pas ou si vous n'êtes pas assez fort pour les contrer ou les gérer quand ils apparaissent.

Par exemple, la bise...
Faire la bise alors que le code l'interdit, ou ne pas la faire alors que la coutume la provoque, est une inconduite classique.

Ne pas respecter le code en vigueur, c'est ne pas faire partie « de la bande », du groupe, de l'équipe, du milieu : c'est un signal de rejet.
Rejeter l'autre, c'est l'exclure de fait, et l'exclusion fait peur. Cette peur est un vieux réflexe atavique né de temps où être exclu de la tribu conduisait inexorablement à la mort.

Mais, de fait aussi, exclure, c'est risquer le déclenchement d'un conflit, ou même la guerre si « l'autre » ne veut pas s'éloigner du territoire (territoire physique, territoire de pouvoir, ou territoire de compétences) ou se soumettre aux règles du groupe !

Quand vous ne respectez pas le code, vous vous exposez donc, vous aussi, aux mêmes conséquences en miroir : rejet, mépris, non-respect.
C'est dangereux quand vous êtes Chef : la nuance est subtile entre la reconnaissance de votre autorité et la reconnaissance d'un… abus de pouvoir.
C'est compliqué, quand vous êtes le Manager 4.x : votre équipe a besoin de vous identifier à la fois dans votre inclusion et dans votre exclusion ! Vous avez un rôle « au-dessus » de la « mêlée » qui doit être respecté, autant que vous devez le respecter.

En quelques fractions de seconde, quoi que vous ayez pu faire auparavant, si vous vous trompez, vous vous êtes composé une « machine infernale » que vous avez personnellement déclenchée et qui vous explosera au nez un jour ou l'autre.
Bientôt, vous allez vous plaindre du manque de proactivité de vos collaborateurs…

En très peu de temps, quelques semaines au plus, vous – et vos supérieurs – allez donc obtenir le contraire de ce vous recherchez : baisse de motivation, baisse de qualité du travail, baisse d'efficacité, et baisse de rendement.

C'est aussi à ce moment que le groupe le plus compétent commence à envisager une stratégie commune d'attaque permettant de vous exclure et vous remplacer. Ce groupe va bientôt être alimenté par les légions de coléreux et frustrés que vous avez réussi à générer.

Septième symptôme : le turn-over

À moyen terme, ceux qui ne peuvent pas s'exprimer dans le groupe vont s'investir « ailleurs » : ils sont dynamiques, compétents, efficaces, et le mépris du Chef les blesse. Ils ont bien essayé de vous éliminer, mais cela n'a pas marché, ou cela prend trop de temps.

Des milliers d'associations « Loi 1901 » sont gérées par des cadres ou des employés compétents déçus ou frustrés par leur entreprise.

Les conseils municipaux de toutes les communes de France reçoivent aussi leur part de ces « transferts ».

À long terme, donc, le turn-over va augmenter : demande de mutation, démission, projets d'externalisation ou personnels...

Bien entendu, ce sont les plus dynamiques, les plus efficaces, les plus mobiles dans leurs têtes qui partiront les premiers...

Sans ses troupes, un Chef n'existe pas. Mais quand les troupes se retournent contre le Chef...

5.C – En résumé, les sept symptômes :

N°	Symptômes	Conséquences
1	« On » attend le Chef	Frustrations Exaspération Perte de temps
2	Le Chef est en « colère » non expliquée	Peur Culpabilité Agressivité Ambiance détestable

3	Trahison du code du regard	Peur ou Colère Fuite et Évitement Perte de valeur Non-respect
4	Cinq comportements de fuite du groupe, et un d'attaque	« se faire tout petit » « l'urgence extérieure » « botter en touche » « jouer l'impuissance » « le grooming » « le complot »
5	Des résultats médiocres	Démotivation Rejet du « petit Chef » Impuissance collective Non-investissement
6	Sentiment majoritaire de manque de reconnaissance	Non-respect réciproque Rejet de l'organisation Mépris, Humiliation Rumeurs Colère et Agressivité Absence de proactivité Concurrence interne Baisse de qualité
7	Le Turn-Over	Baisse de motivation Évitement ou Fuite Départ ou Mutation Arrêt maladie Accidents et incidents Révolte

5.D – Les remèdes

Si vous identifiez ces symptômes, directement ou au travers de leurs effets délétères, vous avez une chance de contrer la « maladie ».

Mais soyez conscient qu'une bonne partie de la solution passe par des changements dans vos propres attitudes... et dans une modification de l'organisation.

En premier, laissez vos doutes et vos illusions « à l'extérieur » de l'entreprise : adoptez le « smiley » positif, « ☺ », quelles que soient les circonstances.

Une équipe se construit !

Ne vous bercez pas d'illusions : une équipe se construit, elle ne se décrète pas. Chaque brique posée dans cette construction est un combat.

Ce combat ne peut être mené par le Chef : seul le Manager 4.x a les territoires de pouvoir et de compétences nécessaires et efficaces aujourd'hui pour cela.

En fonction de la taille de cette équipe, le rôle, la place, et la perception du Manager 4.x peuvent être très différents.
Mais dans tous les cas, ses alliances sont « ailleurs » : le Manager 4.x est redevable de la réalisation de la mission qui lui a été attribuée par ses commanditaires, et qu'il a acceptée. S'il doit passer une alliance stratégique, ce n'est pas avec ses collègues, quand bien même il doit soutenir ses équipiers, les aider à se développer, à grandir, à être plus efficaces, plus motivés.

L'équipe est un outil, un moyen mis à disposition des objectifs et de la mission à atteindre, non une fin en soi, quels que soient les éléments de confiance ou les relations affectives qui peuvent, et doivent, se développer pour que l'équipe soit efficace.

Distinguez « manager » et « gérer »

Être Manager 4.x, c'est gérer des moyens **et** animer un groupe d'hommes et de femmes en vue de mener à bien une mission précise.

Nombre d'entreprises développent aujourd'hui un management artificieusement basé sur une mesure comptable des résultats obtenus à court terme : ça – remplir des tableaux de bord – c'est gérer, ce qui est par ailleurs totalement légitime, mais ce n'est pas manager.

Malheureusement, ou heureusement, la relation humaine se quantifie difficilement. Il est donc vraiment nécessaire de différencier la gestion et le management.

Reconnaissez !

Manager les hommes et les femmes, c'est en premier les reconnaître comme des individus, avec leurs compétences, leurs forces de travail à un moment donné, et leurs potentiels de développement.

> *Regardez vos interlocuteurs dans les yeux.*
> *Souriez*
> *Écoutez-les réellement*
> *Validez leur parole en reformulant ce qu'ils disent (ce qui est différent « d'approuver »)*

Vaccinez-vous contre la « patte molle » !

Combattez avec rage toute manifestation du « Syndrome de la Patte Molle », y compris chez vos subordonnés et vos supérieurs.
À ces derniers, offrez-leur ce livre, en guise d'avertissement !

> *Respectez les codes de rencontre, et respectez vos interlocuteurs*
> *Ne leur écrasez pas la main, mais ne jouez pas à la « limace ».*

Organisez des réunions efficaces !

Pour finir avec notre exemple, si une réunion est un acte de communication fort, elle est d'abord un outil adaptable susceptible de faire avancer de nombreux objectifs.

Quand la communication ne sert pas qu'à elle-même, la réunion peut appuyer le management et l'organisation, la motivation et le maintien du moral des troupes, la prise de décision…

Faire une réunion, d'accord, mais pour quoi faire ?
Le manque de réunion est souvent le témoin de la présence de « petits Chefs » : ils ont peur du dialogue, de leur manque de charisme, de mettre en évidence leur incompétence.
Mais la réunionite aussi : le « petit Chef » accuse le choc de son manque de résultat, du manque de motivation de son équipe et tente de relancer l'action avec des regroupements techniques redondants, trop longs, et souvent sans objet avoué.
Un Chef pourra organiser une réunion uniquement comme faire-valoir, pour informer de ses décisions, faire un point de l'état d'avancement des objectifs, et rappeler « que le Chef est le Chef ».
Un Manager 4.x l'utilisera comme un outil d'aide à la réalisation de ses objectifs généraux et stratégiques, à la motivation et à la conduite du changement et de l'action.

Comme un responsable de réunion est l'objet de toutes les attentions, le centre de l'instant, un Manager 4.x se doit donc de dire ce qu'il fait, et de faire ce qu'il dit ! Respectez les règles et procédures d'une réunion efficace : préparez et faites préparer la réunion avec un ordre du jour précis !

> Le Manager 4.x réfléchit à mener une réunion avec des objectifs opérationnels précis.
>
> Que voulez-vous obtenir de cette réunion, pour quels enjeux et quels objectifs ? Quelle

> *image voulez-vous donner de vous ? Quel rôle allez-vous adopter dans cette réunion ?*

Face aux opposants potentiels, quelle attitude, quel style de management allez-vous développer ? Pour faire quoi : les faire taire ou les inciter à développer de nouvelles idées positives pour enrichir les vôtres ? Pour générer un conflit ou un compromis ? Pour imposer ou faire partager ?

Certaines entreprises ont mis au point un « code des réunions » pour lutter contre la réunionite.

> *Une réunion, c'est, au minimum, ou à l'optimum :*
> *– Un enjeu clair*
> *– Un objectif défini et partagé ;*
> *– Une convocation à des heures et des jours acceptables par tous et pour une durée raisonnable (1h30 reste une séquence efficace) ;*
> *– Des participants choisis en pertinence avec les objectifs ;*
> *– Un local adapté ;*
> *– Des documents adaptés aux objectifs et au public ;*
> *– Un meneur de réunion sur le fond (vous) ;*
> *– Un meneur de formes (respect de la prise de parole de chacun) ;*
> *– Un maître du temps ;*
> *– Un scripteur ;*
> *– Un temps de réunion défini et respecté ;*
> *– Un compte-rendu et un suivi effectif.*

Le respect, encore…

La reconnaissance des individus dans le groupe commence aussi par celle du Chef : mais le Chef n'est respecté que s'il est respectable !

L'exemple d'un ministre du budget français, qui a subi un retour de flamme destructeur en conséquence de la transgression de cette règle, marquera les esprits pour longtemps, mais n'empêchera pas des tricheurs d'essayer.

Ne vous faites pas attendre : Manager 4.x, vous accueillez votre équipe dans votre réunion comme si vous les receviez chez vous.
Soyez contents de les voir !
Regardez-les dans yeux un par un avant même qu'ils ne vous voient !
Saluez-les en respectant le « Code de Reconnaissance » local, quel qu'il soit[24], avec franchise et dynamisme, mais avec un respect de l'autre évident : ne faites pas semblant !
Respectez leurs « territoires » : territoires physiques (bureau, vestiaires, espace de réunion…), mais aussi territoires de pouvoir et de compétences. Vous n'êtes ni omniprésent, ni omni compétent.

5.E – Soyez pro !

Soyez attentifs à vos propres émotions : elles sont respectables, mais elles peuvent trahir des évènements qui n'ont rien à voir avec l'instant, vos intentions, vos objectifs, et elles peuvent être (mal) interprétées.
Soyez attentifs aux autres : sans eux, vous n'existez pas !

À ces attitudes de principe, ajoutez quelques éléments supplémentaires : soyez pro ! Pour avoir le recul nécessaire, pour avoir la proximité nécessaire : soyez pro ! Votre professionnalisme se nourrit de techniques de management, alors découvrez-les, comprenez-les, apprenez-les, entrainez-vous, et utilisez-les à bon escient !

---

[24] Par exemple, vouvoiement et tutoiement, poignées de mains et « bises », horaires d'arrivée et de départ…

6 – RECOMMANDATION N° 1 : MOTIVER !

6.A – Garder la motivation !

Le premier souci du Manager 4.x, c'est de maintenir sa propre motivation intacte (Moi). Les leviers du management (délégation, organisation, formation, motivation, reconnaissance, réseau…) sont si puissants que, bien utilisés, ils facilitent la vie du Manager. Tôt ou tard, un « bon » Manager se demande forcément comment faire pour… ne pas s'ennuyer.

Et c'est là que les soucis commencent.

Certains, qui s'ennuient, vont se projeter dans l'avenir, et plonger dans des projets « sur la comète », réinventer le monde pour finalement modéliser sans fin des comportements micro-économiques aléatoires aussi fumeux qu'illusoires.
Ils vont lisser inlassablement des courbes sensuelles issues de leurs tableaux à entrées croisés dynamiques avant de faire jaillir victorieusement de leur imprimante ou de leur vidéoprojecteur des camemberts colorés et des courbes déprimantes.

D'autres, qui s'ennuient aussi, vont se plonger dans la « gestion ». Les courbes et les camemberts ne les intéressent pas. Les chiffres ! Ils n'ont que ça à la bouche : des milliers de chiffres issus des opérations compliquées des tableaux de bord. Ils finiront, à terme, par présenter à leurs équipes des projets démesurés dont la complexité « d'usine à gaz » sera justifiée… par les tableaux produits auparavant.

D'autres, encore, vont fuir à leur tour. Sous prétexte de garder la forme, ils vont se précipiter sur leur sport favori en argumentant de leur besoin irrépressible de renouer avec leur « réseau ». L'important est de faire illusion, de créer le mouvement et de conserver « le buzz ».

Le Manager 4.x n'oublie pas qu'il dispose de plusieurs casquettes-outils. S'il s'ennuie, c'est que sa stratégie fonctionne, que son équipe travaille et que la mission est en bonne voie (pas besoin ni de la casquette Chef ni de la casquette Leader).
Il est grand temps de « changer de casquette », et vous en avez trois immédiatement disponible :
- « Moi », et son développement : quels axes de progrès pouvez-vous engager pour vous-même ?
- « Coach » : quel équipier a besoin de travailler certaines compétences ? Quel équipier pourrait un jour devenir un Manager 4.x ?
- « Éclaireur » : en premier pour vérifier l'horizon temporel vers lequel vous voguez avec votre entreprise et votre équipe. En second pour vous donner de nouvelles perspectives, missions, axes de développement et être proactif.

6.B – Trouver le juste équilibre…

Trouver le juste équilibre entre le présent et l'avenir est bien du ressort du Manager 4.x.

Trouver le bon équilibre revient à mesurer ses interventions dans le présent pour qu'elles aient une réelle utilité et un impact sur l'avenir. C'est le travail de la casquette Éclaireur.

Un équilibre est toujours en voie… de déséquilibre ! « Rétablir l'équilibre » est une tâche de chaque instant qui nécessite du doigté, mais aussi de la stratégie. Ne pas assez intervenir, c'est risquer le laisser-faire. Trop intervenir, c'est risquer la sclérose d'une équipe qui attend le prochain contrordre du (petit) Chef.
L'équilibre est un art difficile.

Peu ou prou, malheureusement, à cette première difficulté s'ajoute une autre complication : décider pourquoi intervenir ! Entre intervention et interventionnisme, il n'y a qu'un pas qu'il est toujours facile à franchir à tout moment, et pour toute sorte de mauvaises « bonnes raisons » !

Il est courant, en coaching, de rencontrer des Chefs d'entreprise angoissés, énervés, hyperactifs, omniprésents. Leur souci vient du fait que, au fond, ils justifient leur existence dans l'agitation, et que le moindre silence devient, pour eux, angoissant à l'extrême. De l'appel téléphonique à l'arrivée des mails en passant par le « toc-toc-toc » à la porte pour une demande de rendez-vous urgente, ils se gavent de bruits et de fièvres, jusqu'à la nausée.
Proches d'une forme particulière de dépression – et là, le Coach est impuissant, ce n'est plus de son ressort – ils ne sont contents, heureux d'être et d'exister, que lorsqu'ils sont interrogés, questionnés, sollicités, sondés, appelés, ou dérangés.

L'Omni-Patron : inefficace !
Nous avons vu l'effet d'un tel comportement sur l'opinion publique après le passage d'un Président au pouvoir : la formule de l'omni patron n'est pas productive. Elle repose uniquement sur deux épaules qui ne sont pourtant qu'humaines, et les électeurs – et les équipiers – s'épuisent.
Comme ils sont « partout », ils finissent par incommoder tout le monde, ne répondre sérieusement à aucune question, puis ils s'isolent de tous avant d'être remerciés.

Un Chef d'Entreprise n'est pas – dommage ? – un Président vraiment élu : il préférera licencier ses équipes plutôt que d'affronter un vote, changer d'attitude, passer la main, ou même démissionner, s'il est lucide.

L'Hésitant Permanent : inefficace !
Mais nous l'avons vu aussi, à trop dialoguer, trop discuter, surtout à trop gérer, et non manager, à renvoyer les décisions « à plus tard », pour éviter les conflits, le Président suivant a vu, « normal », se développer une image d'hésitant, d'indécis, d'irrésolu.

Le Technicien : inefficace !
Le dernier Président en lice, utilisant des techniques de communication qu'il ne maîtrise pas encore totalement, s'accrochant aussi à des valeurs clivantes « d'homme blanc ayant réussi », et de « premier de cordée », secoue les habitudes, mais ne convainc pas et, finalement, bloque le changement.

Il serait grand temps aussi que la Constitution fasse passer le Président du rôle de Chef – issu de la Seconde Guerre mondiale – à celui de Manager 4.x de ces Gaulois « ingérables » par le moindre Chef.

Le Manager et son image
Le Manager 4.x, homme et femme d'équilibre, doit soigner et jouer avec son image. Et celle-ci passe par la compétence d'utilisation à bon escient de ses « casquettes » postures-outils.
De savantes études déclaraient au début de ce siècle que le moindre cadre, dans la moindre entreprise, devait passer plus de quarante pour cent de son temps à entretenir son image et expliquer ce qu'il faisait et pourquoi il le faisait, sous peine de « disparaître », de devenir transparent à ses propres équipes et à sa propre entreprise[25].

Commencez par identifier les démotivations

Le Manager 4.x n'a pas peur des freins à son action : il les analyse, les prend en compte et agit.

Pour vous comme pour votre équipe, votre premier travail est d'identifier les sources de démotivation.
« L'ennui » en est une sur laquelle vous pouvez agir.
Mais ce constat implique que vous pouvez trouver des sources sur lesquelles vous ne pouvez pas agir.

---

[25] L'observatoire des Métiers identifie 600 « Coach en Image et relooking » déclarés en 2017 en France, aucun en 2000. Un métier né aux USA dans les années 70-80.

Nous avons déjà vu l'un des outils d'analyse de la motivation : « la pyramide de Maslow ». C'est un outil fiable, et ouvert : vous trouverez sans doute des éléments que vous n'imaginez même pas encore.

Mes expériences en entreprise m'ont fait découvrir des éléments de freins individuels très multiples : alcool, médicaments, drogue, mais aussi illettrisme, non-maitrise des opérations mathématiques de base, perte d'habitude de lecture, problèmes de couples, problèmes de voisinage, d'habitat… Avec pour conséquence des incompétences partielles, des formations inutiles, incomplètes ou inadéquates, etc.
Les freins collectifs, eux, sont liés le plus souvent à des structures inadaptées, des « petits Chefs », des évolutions non planifiées ou non expliquées, et à terme, non maîtrisées. Mais vous pourrez aussi trouver des ambiances délétères, des rumeurs absurdes, des complots et des rapports de force, des « cadavres » dans des « placards » entrouverts…

Positifs ou négatifs, transformez-les en levier, en outil au service de votre action.

6.C – La crise de gouvernance : une crise de management !

Dans les entreprises, des plus obstinées et médiatiques aux plus discrètes, les signes de la crise de gouvernance sont bien connus : ils rejoignent ceux du « Syndrome de la Patte Molle ». Le premier d'entre eux correspondant à un turn-over généralement important.

Avec un « Chef inodore», la sécurité et la sureté ne sont pas totalement assurées, car, si tout se gère, rien n'a d'importance.

Avec un « Omnichef », au contraire, ces éléments prennent une place démesurée, car chaque détail ayant une importance disproportionnée, chaque problème aura besoin de « l'Avis du Patron » pour trouver une solution.
Avec le « Chef invisible », le découragement est d'abord moral, puis physique. Les subordonnés sont proches de l'épuisement, mais par ennui, manque de perspective, manque de direction.
Avec le « Chef technicien omniprésent », la colère, l'agacement, l'irritation, et l'agressivité deviennent des éléments de rapports sociaux qui se tendent jusqu'à la rupture.

Dans tous les cas, les résultats opérationnels sont médiocres par manque d'enthousiasme. Avec la prise de conscience de la baisse d'efficacité, les regards deviennent fuyants, et les anciennes alliances se dissolvent dans les trahisons, les retournements de « veste », et les abandons.

L'épuisement est d'abord moral puis physique. Les subordonnés, quand ils osent parler, se plaignent « des ordres et des contrordres » permanents, du « manque de marge de manœuvre », de « l'impossibilité de prendre des initiatives », et en fin de compte, du « manque de réactivité décisionnelle » devant un évènement, et du « manque de continuité de l'action », du « manque de perspectives de développement ». Les « visions du patron » sont jugées « parfois intéressantes, mais souvent peu crédibles », et surtout « peu adaptées au terrain ».
« Réactives », mais ni « actives », ni « proactives » !

Pour finir, la peur marque les visages comme symptôme de l'arbitraire des traitements individuels. Les résultats opérationnels ont une tendance au mieux à la stagnation, au pire à la baisse, et, quand ils sont bons, ils laissent généralement derrière eux une politique de « terre brûlée » dans les ressources humaines de l'entreprise.

Ces symptômes soulignent, même sous le couvert d'une « poigne de fer », ou d'un « sourire bon enfant », la contamination de l'équipe dirigeante par le « Syndrome de la Patte Molle », entrainant une inefficacité chronique du Chef.

Car le problème réside dans les attentes et leur satisfaction : nous sommes au XXIe siècle, et nous avons plus besoin de Managers 4.x que de Chefs.

Le Manager 4.x

7 – Recommandation N° 2 : développer les compétences

Le problème des compétences se pose d'une manière exacerbée en situation de crise.

À ce moment précis, s'il n'est pas soutenu par son équipe, s'il ne comprend pas les changements qui s'opèrent autour de lui, et non avec lui, s'il n'est pas bien armé pour cela, notre Chef peut facilement être tenté de redevenir « petit Chef », jusqu'à la bêtise infantile. Un retour à des valeurs de base très primaires, mais qui peuvent s'avérer létales pour l'entreprise…

Le Chef n'est que l'un des rôles dirigeants qu'il nous est possible d'endosser dans nos fonctions… de Manager 4.x. S'il devient prépondérant sur les autres, il devient proportionnellement inadapté à la résolution des problèmes posés aujourd'hui. En cas de crise, il n'est pas le mieux placé pour obtenir des réponses adaptées.

> *Une situation de crise ?*
>
> *- Réfléchir avant d'agir* ➔ *Moi*
> *- Situation d'urgence* ➔ *Leader*
> *- Mise en œuvre d'objectifs à atteindre* ➔ *Chef*
> *- Définition d'une stratégie et d'objectifs* ➔ *Manager*
> *- Préparation d'une stratégie* ➔ *Éclaireur*
> *- Adaptation de la stratégie à chaque membre de l'équipe* ➔ *Coach*

Le « petit Chef » a une conséquence immédiate : son équipe perd toute compétence et résiste de toutes ses forces aux ordres qu'il peut donner.

Ce rôle de Chef peut être joué de manières extrêmement différentes et pour des motivations différentes. Nombreuses, trop nombreuses sont les entreprises où une erreur stratégique de choix, de ce qu'elles appellent indument du management, a pu provoquer l'implosion des compétences, jusqu'à la mort des acteurs. Les coûts induits par ces tragédies humaines ont parfois conduit l'entreprise à la liquidation, ou à la vente.

Restons ici dans les domaines des valeurs et des organisations : ce sont elles qui entrainent ces entreprises à l'échec. Car, arrêtons les hypocrisies, la mort d'un homme dans l'Entreprise, à cause de la structure dépassée de l'Entreprise, à cause de choix surannés de management, est un échec de toute l'Entreprise elle-même !
Un turn-over trop grand n'est pas un signe de maturité, mais au contraire, de sénilité.
Des burn-out en rafale ne sont pas des « incidents de parcours », mais les conséquences de pratiques managériales délétères et improductives menées par toute la chaîne de management.

Et en premier, nous trouvons une définition du Manager totalement insuffisante et inadaptée. En second, un « Syndrome de la Patte molle » très virulent.

7.A – Une logique système dépassée !

Reprenons l'exemple d'un nouveau Chef. Bien souvent, il a été nommé parce qu'il était un bon technicien, reconnu pour ses compétences de terrain.

Une structure impuissante et des valeurs obsolètes !
Nous voici typiquement dans une structure létale « à la Française », où l'on considère, « bonne chose », naturelle, qu'un bon ouvrier doive progresser hiérarchiquement, et dans sa rémunération, jusqu'à devenir « Chef » ! Où l'on considère qu'un bon technicien, reconnu comme tel par ses pairs, sera

forcément, naturellement, presque mécaniquement, un bon Chef et, plus encore, un bon Manager !

Nous sommes là dans la « pensée magique » qui « oublie » de prendre le temps d'analyser la situation objectivement.

Un mélange délétère à la logique détonante !
Dans cette logique immature, quatre systèmes binaires de valeurs se sont mélangés. Quatre couples qui semblent bien s'entendre, à première vue, mais dont le dosage habituel a des conséquences funestes sur l'organisation :

1. La reconnaissance du travail bien fait et la progression hiérarchique.

2. La progression hiérarchique et la progression des revenus.

3. La présomption d'un nécessaire charisme spontané du Chef et d'une nécessaire compétence spontanée du Manager.

4. Les besoins de reconnaissance des compétences techniques, et les besoins de reconnaissance des attentes de tous les acteurs de cette tragédie annoncée.

Avec un mauvais dosage d'ingrédients frelatés, la « sauce salade » la plus simple ne peut avoir que mauvais goût. Reprenons ces éléments.

Un ensemble de systèmes négationnistes !
Les deux premiers binômes, reconnaissance/progression, et progression hiérarchique et des revenus, nient un élément essentiel à la production : la compétence de ses acteurs !

Les deux suivants nient un autre élément essentiel à la production : manager répond à des attentes nouvelles des personnes et des organisations, et nécessite la maîtrise de techniques spécifiques.

Mais la prise de pouvoir agressive des actionnaires, dans ce début de siècle, a réduit la notion de l'humain à des « variables d'ajustement » qu'il est sans doute plus facile de « délocaliser » que de régler.

Mais nous trouvons la même incurie dans la démarche prétentieuse voulant qu'un « jeune à potentiel », sortant d'une grande école, soit inéluctablement un bon Manager, d'équipe, de projet, d'entreprise…

7.B – Redéfinir la compétence !

J'ai beaucoup développé, dans ce livre, la nécessaire compétence des acteurs. Mais qu'est-ce que la compétence ? Qu'est-ce qu'être compétent ?

« Celui-là est compétent, c'est évident ! » ou « Totalement incompétent ! ».
C'est ce que l'on entend souvent, mais, sous le masque d'expressions quotidiennes, la réalité n'est pas si simple, car la compétence ne peut se définir à la seule possession de diplômes, ou d'une ancienneté dans l'entreprise.
Un diplôme représente une étape dans les Savoirs. Mais comme « science sans conscience n'est que ruine de l'âme », il nous faut aller plus loin…

Quant à l'ancienneté…
À elle seule, elle ne peut définir la compétence. Ni même être le témoin d'une expérience opérationnelle. L'un des reproches que l'on entend le plus souvent dans les entreprises vis-à-vis des seniors, outre leurs salaires « élevés », c'est qu'ils sont « immobiles », qu'ils n'évoluent plus… Or, la capacité d'adaptation au changement est l'un des marqueurs, secondaire, mais indispensable, de la compétence.

7.C – Les trois marqueurs principaux de la compétence

La compétence apparaît tout d'abord au travers de signes plus ou moins ambigus dont il faut prendre le temps de décortiquer les mécanismes. Trois éléments se détachent plus particulièrement du brouillard d'informations parfois ténues qui tend à la dissimuler.

Premier marqueur : l'autonomie.
Le premier marqueur qui établit sa présence est l'autonomie professionnelle.
Encore ne faut-il pas confondre autonomie et isolement. Si l'autonomie professionnelle, proche de l'indépendance, est signe de maturité, l'isolement est pathogène.

Mais en même temps, dans une organisation prédatrice, agressive et/ou inquisitrice, la pérennité, la survie professionnelle passe souvent par un isolement de type « faire le dos rond pour laisser passer l'orage » ou « devenir transparent ».
Dans ces structures autocratiques, parfois tyranniques, ne pas se faire remarquer du Chef est un élément essentiel de survie. « Survivre »[26], professionnellement, de restructuration en réduction d'effectifs, devient une réelle compétence[27], mais hors de tout contexte de production.

Nous voyons les effets délétères de cette contradiction lors de la transmission de ces entreprises ou, plus généralement, lors d'un changement de ses dirigeants.
Le repreneur doit résoudre un problème préalable : pour changer l'organisation, il doit mesurer les véritables compétences de l'entreprise pour pouvoir s'appuyer sur elles. Ce qu'il a pu en percevoir derrière l'effet d'esbroufe – pardon : de « communication » – de son prédécesseur est-il le reflet

---

[26] Niveau 1 de la Pyramide de Maslow
[27] Niveau 5 de la même Pyramide…

de la réalité, ou le rideau de fumée qui cache la misère d'une organisation étouffée et réduite au silence ?

Deuxième marqueur : « l'adaptabilité professionnelle »
Avec l'autonomie, cette notion d'adaptabilité professionnelle est donc notre deuxième point clé marqueur de la compétence.
Tout en considérant, là encore, qu'il est nécessaire de faire la différence, en fonction du milieu et du contexte, entre prudence, adaptation, évolution, et… stratégies de fuite !
Le pourcentage de seniors dans l'entreprise est un marqueur potentiel de compétences. Leur absence aussi.
Mais ce n'est pas une garantie absolue…

Si la présence de seniors dans l'entreprise apparaît donc comme un signe de compétences, c'est indépendamment de l'essence même de l'entreprise et de ses objectifs. Les startups et les jeunes entreprises souffrent trop souvent de leur absence.

La démarche traditionnelle des DRH du XXe siècle vers un « équilibre harmonieux de la pyramide des âges » retrouve ici une nouvelle… jeunesse. En retour, méfiez-vous d'une entreprise qui se gargarise de la « jeunesse » de ses effectifs : le « jeunisme » n'est ni un critère de compétences, ni un critère d'enthousiasme, ni un critère d'efficacité.

Les ambiguïtés de ces marqueurs font de l'analyse de la compétence un art subtil et difficile. Par exemple, pour être adaptable, il est bien souvent nécessaire d'être plus ou moins polyvalent.
Mais là encore, si la polyvalence est un sous-marqueur intéressant de l'adaptabilité, elle peut être aussi le signe d'une désorganisation chronique de la structure due à une réduction trop importante… des compétences au sein de l'entreprise, et des effectifs.

Le Manager 4.x

Troisième marqueur : des « moteurs » de l'action collective

Pour finir, « faire le dos rond » n'empêche pas – et c'est l'un des éléments de notre troisième marqueur – d'être ce que la mode entrepreneuriale appelle « proactif ».
C'est-à-dire, être actif par soi-même avant qu'un « petit Chef » nous en donne l'ordre ou nous rappelle à l'ordre.

Ceci, bien entendu, ne peut exister dans une organisation où, justement, existent et survivent les « petits Chefs », où l'initiative n'est pas permise, où le territoire de pouvoir de chacun est si étroit qu'il est impossible de prendre la moindre décision.
Alors, ici encore, nous analyserons ce marqueur en fonction du contexte.

Mais avant cela encore, plutôt que proactif, nous reprendrons la vieille notion de dynamique de groupe qui préfère le terme de « moteur » à celui de proactif.

Un « moteur », dans une équipe ou un groupe, est à la fois Leader, facilitateur, organisateur, et décisionnaire d'objectifs opérationnels à court ou moyen terme dans un domaine précis (communication, organisation, régulation, production…) dont le groupe a besoin.
Ce « moteur » n'est pas forcément le Chef, puisque ce dernier peut avoir été nommé sur des critères totalement étrangers à la notion de compétences ou même de leadership.

Mais ici encore, nous allons pondérer notre enthousiasme simplificateur : la dynamique des groupes nous apprend aussi que, dans certains types de groupes, nous avons besoin de « régulateurs » pour que les « moteurs » puissent fonctionner, et même simplement exister.
Ce n'est pas parce que les choses semblent simples qu'elles sont nécessairement simplistes.

Au-delà de ces trois marqueurs de la compétence – autonomie, survie professionnelle personnelle, moteur de l'action collective –, nous n'avons toujours pas défini la compétence.

7.D – La « compétence » : 4 piliers.

À bien regarder, sous l'éclairage du consultant, la compétence se définit comme un ensemble dynamique, cohérent et évolutif.

Nous avons vu trois marqueurs de la compétence professionnelle,

> *Adaptabilité,*
> *Faible turn-over*
> *Salariés moteurs de leur action*

mais elle se définit directement par quatre éléments essentiels :

1 - Des Savoirs identifiés :
« Je suis compétent parce que je connais les éléments nécessaires à mon action consciente sur mon environnement ».

2 - Des Savoir-Faire conscients :
« Je suis compétent parce que je sais ce que je fais, comment je le fais, dans quelles limites, et pourquoi je le fais ainsi ».

3 - Des Savoir-Être adaptés :
« Je suis compétent parce que mes comportements sont volontairement adaptés à la situation ». « Je suis confiant en moi et fier de mes compétences, mais je sais aussi quelles sont leurs limites, aussi bien dans les domaines de mes Savoirs que de mes Savoir-Faire. Je sais donc que je dois apprendre encore, en permanence, et je reste attentif, en permanence, à rester ouvert, à l'écoute des autres et des modifications de mon environnement.
Je sais enfin que je suis compétent, car j'ai développé mon assertivité : « ni hérisson, ni paillasson », je sais dire « non » si nécessaire autant que « oui ». J'ai un recul suffisant pour

faire des choix et les argumenter sans agressivité ni soumission inutiles ».

4 - Des expériences « digérées » :
« Je suis compétent parce que mon ancienneté dans l'action m'a conduit à affronter des problématiques toujours nouvelles, souvent compliquées, et que, pour un dénouement positif ou non, j'en ai tiré des enseignements pratiques potentiellement adaptables à ma situation actuelle. J'ai ainsi alimenté et développé en permanence mes savoirs, mes savoir-faire, et adapté mes comportements aux nouveaux défis qui me sont proposés ».

> **COMPÉTENCE**
> =
> **Savoirs**
> **+ Savoir-Faire**
> **+ Savoir-Être**
> **+ Expériences digérées**

Ces quatre piliers de la compétence font de celle-ci un outil opportuniste et éphémère qui se définit aussi par son objectif, son environnement et le temps qui passe. Être compétent dans un domaine ne veut pas dire être compétent dans un autre où les Savoirs, les Savoir-faire et même les comportements adaptés seront différents. Et, à négliger l'analyse du vécu, et sa remise en cause, la compétence peut disparaître avec le temps.

De la « masse salariale » et des compétences...

L'obligatoire « expérience digérée » constituante de la compétence rentre en conflit avec les pratiques relativement nouvelles de « réduction de la masse salariale » : nombre d'entreprises ont perdu leur « mémoire » humaine, vivante, par le départ, plus ou moins volontaire, de ses décideurs, à tous les niveaux.

Les « jeunes » qui les ont remplacés sont bien moins payés, mais motivés par la nouveauté, souvent mieux formés et diplômés que leurs prédécesseurs.

Malheureusement, ils sont, au départ, de toute façon moins compétents, puisque moins expérimentés. Ils doivent… réinventer les erreurs des anciens pour pouvoir progresser et faire progresser l'entreprise.

Quelle perte de temps, d'énergie, de productivité, d'efficacité, et de qualité !

L'interdiction française du « droit à l'erreur »

Un autre obstacle au développement des compétences est le tabou de l'échec.

Le « droit à l'erreur », à l'expérimentation, au tâtonnement, rentre aussi en conflit avec les pratiques nationales traditionnelles de « marquage », auprès de la Banque de France, des entrepreneurs français « ayant failli » (ayant subi un dépôt de bilan, par exemple). Qu'importe si ce dépôt de bilan est dû à une escroquerie ou une évolution naturelle de l'entreprise, du secteur, des marchés.

Le fichier a été officiellement supprimé en 2013, mais en attendant, en niant le droit à la progression, à l'expérimentation, il a fait des dégâts considérables et parfois irréparables sur la compétence de nos entrepreneurs, et de nos entreprises, le « hâbleur bien looké » et « bienpensant » prenant trop souvent le pas sur le chef d'entreprise compétent.

La préoccupation « de l'Entreprise », pour la moindre décision de réduction ou de maintien des effectifs, est-elle axée sur le transfert, ou simplement le maintien des compétences à moyen ou à long terme, ou sur des choix budgétaires à très court terme ?

7.E – Compétence et incompétence

Pour en finir avec ces éléments, nous pouvons revenir sur la notion d'évolution de la compétence. Il est important de la resituer dans son contexte : quelqu'un de compétent dans un domaine peut s'avérer totalement incompétent dans un autre. Par manque d'expérience, notamment.

Tout changement, toute promotion, devrait donc naturellement s'accompagner d'une formation adaptée à la prise de fonction, généraliste pour travailler sur les savoirs, et/ou personnalisée par un accompagnement adapté, de type tutorat ou parrainage, pour travailler sur les savoir-faire et les savoir-être.

Dans la pratique, nous sommes très loin de cela : « Félicitations, vous êtes nommé Chef ! Bon courage, mais débrouillez-vous ! »

Pour résumer : les 3 marqueurs (+/-) de la compétence

Les marqueurs	Les points d'attention
Autonomie professionnelle ?	L'isolement (-) ou indépendance (+/-) ? Intérêt individuel (+/-) ou collectif (+/-) centré sur l'entreprise (+) ou sur d'autres préoccupations extérieures (-) ?
Adaptabilité professionnelle ?	La structure de l'entreprise (-) Attitudes de fuite (-) Réflexes de survie (+) Polyvalence (+/-)
Individu moteur de l'action ?	Territoire de pouvoir (+/-) Modes de contrôle et de développement des compétences (–/+).

Pour résumer : les 4 piliers de la compétence

La compétence	Les clés
Savoirs	Adaptés à la situation En évolution Balises : « je sais ce que je sais, et je sais que je ne sais pas tout ! » « Je suis prêt à apprendre ».
Savoir-Faire	Adaptés à la situation En évolution. Balises : « je sais ce que je fais et dois faire, et comment ». « Je suis prêt à apprendre ».
Savoir-Être	Les bons comportements adaptés à la situation En évolution Balises : « je sais que j'ai à apprendre des autres, et je sais communiquer ». « Je sais observer et écouter ».
Expériences « digérées »	Source d'actions et de réactions, sans nostalgie Nécessite un « débriefing » suivi d'un plan d'action individuel pour s'ancrer dans les pratiques. Balises : « je sais écouter ». « Je sais prendre du recul ».

7.F – Délégation et Compétence

L'outil principal du Manager pour développer les compétences est la délégation. Et force est de constater que c'est l'outil le plus mal utilisé dans les entreprises.

Le « Syndrome de la Patte Molle » se nourrit de ces distorsions. Entre de bonnes intentions affichées et la réalité de terrain, une mauvaise utilisation du mot délégation crée frustrations, rancœurs, amertume et agressivité, et surtout, fabrique des « bœufs » passifs et soumis à la chaîne.
Donc, prenons quelques instants pour revenir sur les éléments centraux de la délégation.
Selon la formule consacrée,

> « *Déléguer, c'est*
> *ne rien faire,*
> *tout faire-faire,*
> *mais ne rien laisser-faire* ».

Nous avons quelques éléments d'alerte, dans cette formule :
- Ne rien faire indique que le Manager 4.x n'intervient pas dans la production du service ou du produit recherché. Ce n'est pas du laxisme, mais une position de contrôle et de développement.
    - Même si le délégataire lui demande de l'aide, c'est à ce dernier de trouver la solution (il est compétent ou en voie de le devenir) ! « J'ai confiance en vous : comment pensez-vous résoudre ce problème ? » est une approche essentielle. Car « ne rien faire » n'empêche pas la relation d'aide. En fait, c'est la casquette « Coach » qui intervient ici, pour « investir du temps » utile.
- Tout faire-faire ne veut pas dire que vous pouvez vous débarrasser ainsi des tâches qui vous ennuient.
    - En premier, vous déléguez des missions, et non des tâches, ni même des objectifs. En second lieu, vous pouvez tout déléguer à

l'exclusion de votre responsabilité : d'où la légitimité du contrôle que vous exercez, et en retour, de la légitimité de votre poste de Manager.
- Ne rien laisser-faire précise que le Manager 4.x est actif : il contrôle !
  - C'est une activité prenante qui doit se situer non dans la sanction ou le jugement de valeur, mais dans l'écoute et la relation d'aide.

Si nous resituons la délégation comme un outil de développement des compétences, cela nous donne le sens inhérent à la démarche de délégation.
La délégation s'exerce au niveau collectif : de quelles compétences avons-nous besoin dans notre propre mission, et au sein de notre équipe ?
Elle s'exerce aussi au niveau individuel : que manque-t-il à votre collaborateur pour être pleinement compétent ou quelle compétence peut-il encore développer pour améliorer la performance collective ?

> *Une chaîne est aussi forte que le plus faible de ses maillons.*
> *Renforcer les maillons faibles, c'est développer son équipe et développer la performance collective.*

En fonction de la réponse à ces questions, nous allons proposer à notre collaborateur une mission lui permettant de développer ou d'acquérir des compétences indispensables à votre propre mission[28].

---

[28] De nombreux livres décrivent les démarches d'approche du « *contrat de délégation* » qui serait trop long de décrire ici. Leur lecture permet d'éviter les principales maladresses du *Manager* débutant en la matière.

7.G – Développer les compétences c'est vivre et survivre !

Se développer, c'est changer !
Changer, c'est vivre et survivre !
La gestion du changement, c'est l'apanage du Manager 4.x : il donne du sens quand le Chef ordonne, et quand le Leader réagit.

Confiance en soi et compétences.

La confiance en soi, les français la doivent à leur créativité, issue de leur culture, ce que dans les entreprises, au niveau ouvrier, on appelle leur « débrouillardise », et ce que les étrangers appellent la « French Touch ».

Il est impressionnant de constater le nombre – trop important – de personnes qui se déclarent « non compétentes », ou qui ne savent comment décrire leurs compétences. Et ce, quelques soient leurs niveaux, de l'assistante qui gère une PME à bouts de bras à l'agent de maîtrise qui manage une équipe démotivée, du chercheur polyvalent et multi compétent au PDG qui permet à son entreprise de survivre, jour après jour.

Si la mode, la cuisine, le luxe et certaines nouvelles technologies s'exportent bien, pour les Français de métropole, cela reste une illusion. Ils ont l'impression de rester dans le « bricolage ». Un « système D » qui est aujourd'hui une source importante de revenus des « économies parallèles », pour toutes les couches de la population.

Cette perte de confiance en soi est sauvagement ressentie comme un handicap difficilement surmontable face à un monde qui apparaît dur, cruel, et surtout, fort. En 2012, par exemple, l'un des grands crus français de Bourgogne était à vendre. Les vignerons d'alentours se cotisèrent et mirent cinq millions d'euros sur la table. Mais les Chinois renchérirent à huit millions. La cause était entendue : la France est pauvre, pauvre de la perte de ses propres symboles bradés aux plus offrants… Comme la Grèce…

Sans confiance en soi, pas de développement des compétences. Sans compétences, pas de « French Touch » : l'équation est simple.

Alors, à votre niveau de Manager 4.x, déléguer pour développer les compétences, vous développer vous-même, c'est, modestement, donner des outils au pays dans ce combat inégal, mais essentiel permettant la survie de la « French Touch » au sein de la communauté internationale.

8 – Recommandation N° 3 : donner du sens

Dans l'entreprise, la décision n'appartient plus au « gestionnaire » : celui qui dirige, c'est celui qui possède. Et celui qui possède a, selon la formule consacrée, « ses raisons que la raison ignore ». Les intérêts, les objectifs et les compétences des uns ne sont pas ceux des autres.

Or, le besoin de Manager 4.x, simplement pour répondre au besoin de sens, se retrouve à tous les niveaux de la société : du passager du train qui exige de comprendre les causes de la panne, à l'ingénieur qui quitte son entreprise par manque de sens des stratégies de changement, et finit par quitter son pays par manque d'écoute, de reconnaissance et de dynamisme.

Ce que l'on appelle « le zapping des jeunes cadres » a pour raison principale la perte du sens managérial : comment faire confiance à un Chef – et donc à l'entreprise tout entière – qui ne sait pas lui-même pourquoi il faut faire les choses d'une certaine manière plutôt que d'une autre ?

8.A – Cadres ou Managers 4.x ?

Ballotté de crise en crise, de restructurations en restrictions budgétaires, le cadre – notion très franco-française, presque « franchouillarde » – a lui aussi de plus en plus besoin de sens.
Comme c'est l'actionnaire qui décide de tout, notre cadre ne peut jouer son rôle de Manager de proximité : il reste Chef, mais un Chef, qui plus est, sans pouvoir.

La baguette magique du tableau de bord !
Courroie de transmission entre le décideur et la production, il va de plus en plus se contenter de répondre aux questions de ses supérieurs (eux-mêmes confrontés à la même problématique), et pour cela, disposera d'un outil extraordinaire,

presque magique : le tableau de données croisées dynamiques…

Entre l'agent de maîtrise et le cadre, entre le cadre et ses supérieurs, entre les « staffs » et les actionnaires, des milliers de « tableaux de bord », et en retour, des ordres, symboles expressifs du Chef, mais contraignants et contre-productifs : « Remplis tes tableaux de bord ! »

La disparition programmée des cadres
En passant, son rôle se réduisant à l'alimentation de données, le « cadre » va progressivement disparaître de l'organigramme de l'entreprise. Une bonne assistante de direction, bien formée, est capable – sans doute mieux et pour moins cher, si vous y songez – d'aligner des chiffres dans des petites cases.

De fait, nous rencontrons de plus en plus de structures industrielles où l'arborescence est réduite à trois niveaux « indispensables » : un « directeur », accompagné d'une assistante, des Agents de Maîtrise (AM), et des ouvriers producteurs.
Parfois, un quatrième niveau vient se greffer, plus ou moins heureusement aux trois premiers, celui des commerciaux, mal nécessaire – mais personnels interchangeables –, puisqu'il faut bien vendre ce que l'on produit, pour faire des profits.

Ces structures à quatre niveaux se justifient aussi par des besoins de coordination de « secteur » ou de « région », et se cristallisent autour d'un « directeur régional », souvent ingénieur ou parfois technicien supérieur, parfois commercial.

Ici encore, les limites de la structure se dévoilent par les besoins qu'elles génèrent, et notamment les besoins en management et en formation management.

8.B – Développer les Managers 4.x de proximité.

C'est à l'échelon des AM, des Agents de Maîtrise et des Chefs d'équipes, que les demandes deviennent pressantes : étant les seuls interlocuteurs du quotidien des ouvriers ou des employés, les seuls aussi à se confronter à la production, ils ne peuvent se contenter d'être « Chefs » d'équipes. Ils deviennent des « Managers de proximité », les seuls à disposition des équipes de production.

Souffrir du manque de reconnaissance au travail
Comme ces structures très resserrées, à quatre niveaux simplifiés, ont besoin de la polyvalence de chacun, elles souffrent ici aussi du manque de reconnaissance des compétences.

La polyvalence ? Ne serait-ce pas, comme l'autonomie, un signe de compétences ?

L'ouvrier, comme l'AM ou l'ingénieur, peuvent très bien avoir à jouer, en contact clients, des rôles commerciaux, de chefs de projets ou d'innovateurs-chercheurs.

8.C – L'Agent de Maîtrise Manager 4.x ?

Si nous avons ici un focus sur les Agents de Maîtrise, nous pourrions tout autant parler des Chefs de Service ou d'Équipe, et même des Assistantes : toutes et tous ont des rôles quotidiens de Managers de proximité.
Ce sont des rôles nouveaux, pour lesquels, bien souvent, ils ne sont ni préparés ni formés.
Ils souffrent, car dans la France de ce début de siècle, un ouvrier est toujours un ouvrier, et s'il peut évoluer de temps à autre vers un poste d'AM, il n'y en aura pas pour tout le monde. Ses nouveaux rôles – commerciaux et d'ingénierie – ne seront donc pas reconnus.
Tout juste reçoivent-ils un simple « merci » à leurs efforts…

Il est à noter que « l'ingénieur » souffre tout autant que l'ouvrier dans ce système négationniste : sa compétence est dans ses Savoirs, Savoir-Faire, Savoir-Être et expériences d'ingénieur, pas dans ses fonctions de cadre ou de directeur.
Mais parce qu'il est un ingénieur compétent, « l'ingénieur » peut rapidement devenir « Chef », ou « directeur ».
Il découvre alors que ces rôles consistent d'abord à satisfaire les demandes pressantes des actionnaires en matière de « tableaux de bord » et de gestion financière, et aussi de se prendre, en pleine face, les demandes concrètes des ouvriers ou employés de production.

Formé à la conduite de projet, il n'a pas été formé au management. D'ingénieur compétent, il peut devenir un Chef incompétent.

Le « Principe de Peter »[29], mais initié, non par les personnes, mais par la structure, l'organisation elle-même.

Mais bien sûr, cela n'existe pas « chez nous », ce genre de situation… Aucun ingénieur, « chez nous », ne se plaint d'avoir des responsabilités hiérarchiques qu'il n'a pas les moyens d'assumer…

Peut-être… Peut-être pas… Mais historiquement, l'ingénieur-chef présent aujourd'hui est le combientième de la longue liste des Chefs qui se sont succédés à la tête de cette unité ? Ses prédécesseurs ont trouvé du travail ailleurs ? Souvent à l'étranger ?

---

[29] En 1970, avec *le Principe de Peter*, Laurence Peter et Raymond Hull proposent une loi empirique de « hiérarchologie » devenue célèbre : « Dans une hiérarchie, tout employé a tendance à s'élever à son niveau d'incompétence » et **« Avec le temps, tout poste sera occupé par un employé incapable d'en assumer la responsabilité. »**

Ou a contrario, si le « Chef » n'a pas « bougé » depuis longtemps, quel est le taux de turn-over de ses équipes ? Et pourquoi le taux de productivité de ces mêmes équipes ne progresse-t-il pas au même rythme que les autres ?

Oui, malheureusement, la fuite des « cerveaux français » est une triste réalité… Et pas seulement pour des raisons de salaire…

8.D – Les trois remèdes de base…

Si certains remèdes sont simples, d'autres vont remettre en cause le tissu relationnel de l'entreprise.

1 – Une feuille de route claire !

Chaque promotion managériale nécessite une définition claire du poste à occuper, quand bien même le postulant participe à l'élaboration de sa propre « feuille de route ».

> *Quels sont les enjeux ?*
> *Quelles sont mes missions ?*
> *Pour quelles perspectives ?*
> *Quels sont mes objectifs ?*
> *Dans quel délai ?*
> *Avec quels moyens ?*
> *Quels sont mes critères de réussite ?*
> *Quelles limites à ne pas dépasser ?*
> *Qui sont mes soutiens ?*

Cette feuille de route doit être régulièrement actualisée, et permettre une vision claire des différents « territoires » sur lesquels le nommé va évoluer : territoires de compétences, de pouvoir, de décision…

Elle doit faire une distinction simple et claire entre les actes de gestion (Chef), et les actes de management (Manager), avec une idée des temps induits par les deux fonctions.

Elle doit aussi donner une définition claire des objectifs à atteindre (domaine du Chef) avec les moyens mis à disposition des équipes (domaine du Manager) dans un temps raisonnable.

2 – Un accompagnement personnalisé !
Chaque promotion managériale nécessite un accompagnement personnalisé : « laisser faire » n'a jamais été qu'un synonyme de « laisser-aller », et « le laisser patauger un peu », un synonyme de « gâchis », d'énergie et d'argent.

Cet « encadrement » des premiers pas du nouveau Manager nécessite lui-même d'être « encadré » par un dispositif volontaire et contrôlé. Le nouveau Manager, pour devenir « 4.x », doit disposer systématiquement d'un « tuteur », ou d'un « parrain », d'un « coach » – qu'importe le nom – décideur compétent formé au management 4.x, lui-même suivi et évalué et susceptible de donner du sens aux actions engagées et aux changements imposés.

Le premier travail du « parrain », outre la facilitation de son insertion, est donc de débriefer le « parrainé », à la fois pour qu'il puisse « digérer » ses expériences et aussi pour qu'il puisse obtenir « du sens » à son action, de la part de son mentor.

Les moyens en temps doivent être définis, avec une logistique adaptée au couple Tuteur/Tutoré.

3 – Un contrôle efficace et dynamique
Au-dessus de notre binôme le « N+2 », ou le DRH, doivent eux-mêmes être des Managers 4.x, et non des (petits) Chefs. Ils exercent ainsi leur pouvoir de contrôle, et les impétrants doivent démontrer qu'ils se sont bien organisés pour répondre aux besoins et aux attentes… de l'entreprise. Ce « contrôleur » est un « observateur » qui suit régulièrement les progrès du « couple ».

Par exemple, en leur demandant de présenter un calendrier soutenu de rencontres, prévues et tenues, organisées autour d'un programme adapté à la progression du Tutoré, et avec des objectifs précis d'organisation de la relation (qui peut prendre la forme d'un « contrat de progrès » à durée déterminée).

Par exemple, en vérifiant qu'ils se donnent la possibilité de disposer d'un bureau isolé ou d'une salle de réunion adaptée, plutôt que de « régler leur linge sale en famille » dans « l'open space » commun.

Par exemple, en vérifiant qu'ils ont eu l'idée d'utiliser un système de visioconférence ou de téléphones équipés, plutôt que d'un simple téléphone, quand le Tuteur et le Tutoré ne peuvent pas physiquement se rencontrer.

Par exemple, en contrôlant qu'ils se sont donné des outils communs de traçabilité de leur action.

Bien entendu, le « Tuteur », le Parrain, a bénéficié d'une formation managériale « 4.x » permettant de répondre aux questions posées par le rôle : comment gérer son propre temps ? Qu'attend le Tutoré de son tuteur ? Comment créer un programme de montée en compétences ? Comment suivre et évaluer la progression ? Comment gérer les difficultés rencontrées ?

Le Manager 4.x

9 – Recommandation N° 4 : Manager ne s'improvise pas !

Chaque promotion managériale nécessite donc un accompagnement de formation en management.

Manager 4.x, c'est quelque chose de très pratique : bannissez les formations théoriques et les « usines à gaz » pour privilégier les ateliers concrets et pratiques axés sur la relation humaine.

Manager 4.x, c'est se confronter à des situations complexes parce que toujours inédites : c'est donc s'adapter en permanence.

Manager, c'est savoir utiliser à bon escient des « casquettes » posturales différentes et des outils adaptés à des objectifs de développement humains à atteindre dans le cadre du développement de l'entreprise elle-même.

9.A – Cinq actions structurantes

1 - Gérez calmement votre temps !

La principale source de prise de décision imbécile naît de la peur de « manquer de temps ». La pression du temps nous rend idiots, collectivement et individuellement !

Rappelez-vous : les seules urgences vraies sont celles où des vies sont en danger. Dans 99,999 % du temps, il suffit parfois… d'une bonne nuit de sommeil pour prendre la bonne décision.

Deux réunions (efficaces) valent mieux qu'une seule décision catastrophique prise dans « l'urgence »…

Gérer son temps, c'est avant tout classer ses préoccupations sur deux critères, et non un seul : est-ce « urgent » et/ou « important » ? En considérant que l'important est toujours plus important que l'urgent.

2 - Profitez du changement pour changer !

Changer le Chef d'une équipe, d'un service, est-elle la meilleure solution ? À court terme, à moyen ou long terme ? Que peut-on tirer comme conclusion de l'expérience qui arrive à terme ?

Vérifiez qu'une équipe fixe, en place depuis des années, est toujours la solution pertinente à la production : la notion de projet et de groupe de travail n'est-elle pas plus pertinente ? Faut-il externaliser, ou organiser, structurer « autrement » ?

Mais vous pouvez aussi décider qu'il est urgent de ne rien faire ! « Changer pour changer » n'a aucun sens, et la mode – américaine ? – qui consiste à « faire tourner » les « Chefs » tous les deux ou trois ans, peut aussi avoir des effets pervers.

Pour exemple, une grande entreprise française, qui a installé un système de « chaise musicale » comme règle systématique, a vu se dégrader en moins de dix ans tous ses indicateurs de bien-être au travail... et ses résultats opérationnels.
C'était pourtant prévisible : sur trois ans de présence, le nouveau Chef, ne peut que jouer au « petit Chef » : il met un an à devenir efficace, et un minimum compétent, puis se « repose sur ses lauriers » et gère la situation l'année suivante, avant de se préoccuper de sa survie et de son reclassement la troisième année.

Nous sommes loin des principes du management 4.x. Ici encore, un système basé sur l'analyse, le progrès et l'ancrage des compétences serait largement plus efficace. Former ce

Chef et le faire passer au niveau d'un Manager 4.x est aussi une solution efficace.

Qui choisir pour cette équipe ?

L'osmose, la fusion nécessaire entre le Manager 4.x et son équipe, est plus compliquée à installer que le simple fait d'imposer un Chef à cette même équipe. Il est donc nécessaire d'investir du temps pour faire le choix d'un bon Manager.

Mais, si vous n'avez « pas le temps », ou « pas de temps à perdre », il existe encore une solution intermédiaire, politiquement incorrecte, bien entendu : demander à l'équipe de désigner elle-même son Chef sur une liste de prétendants. C'est une solution qui a le premier avantage de répondre à votre propre… manque de disponibilité.

Comme Coach, vous entendez alors des vocalises de type « cette solution facile a déjà été expérimentée dans l'Histoire » et, « pour moi, cela consisterait à m'en laver les mains ! Cela s'est avéré contre-productif, du moins du point de vue des Romains de l'époque ! ». Des déclarations pompeuses souvent suivies d'un diplomatique « il est vrai que de l'équipe peut sortir de bonnes idées », et que cela « peut éviter les conflits, les rancunes, les rancœurs ».

Plus rarement, vous entendez « la consulter, pour le moins, semble intéressant, mais… ». Mais « mon » équipe « n'est pas une coopérative ouvrière ! Ils ne sauront donc pas faire ! »

Cette démarche, pourtant, peut être extrêmement productive. Par exemple en fonction des lois de la dynamique des groupes. Mais aussi dans le cadre d'une montée en compétence dirigée. Elle nécessite dans tous les cas un travail préalable d'analyse et de préparer l'équipe à un tel choix.

3 – Investissez du temps

Votre premier critère de « gain de temps » ne pourra donc être assumé, à moins de considérer que vous vous situez dans une perspective « d'investissement temps »… pour en gagner après.

Mais, outre le précédent que vous allez amorcer et qui laissera des traces, obliger les équipes à choisir leur propre Chef comporte de nombreux inconvénients et ne résout généralement en rien les problèmes managériaux que vous voulez éviter.

4 – Développez l'esprit d'équipe

En premier parce que ce que vous considérez comme l'équipe n'est peut-être pas forcément une « équipe », mais seulement un « groupe » restreint. Dans ce dernier cas, une telle démarche « démocratique », au contraire, amplifierait les tensions et l'improductivité latentes.

En second parce que la dynamique des groupes restreints montre que les individus changent de comportements en fonction de la taille des groupes, et que certaines « tailles de groupe » génèrent spontanément des Leaders, et d'autres, des conflits, en refusant tout Chef.

En dernier parce que le Manager 4.x est… censé avoir une « vision » plus « grande » que chaque salarié prit individuellement sur sa tâche, et que les objectifs, qu'il cherche à atteindre, ne sont pas seulement des objectifs de production, mais des objectifs de management et de développement.

Par conséquent, le Leader naturel d'un groupe, coopté par lui, sera – peut-être – un bon Chef, mais pas obligatoirement un bon Manager 4.x.

5 – Une check-list pour gérer le changement :

Donc, il convient de se poser quelques questions préalables…

> *Quel pilote rechercher pour cette équipe ?*
> *Quel profil, quelles expériences ?*
> *Un Chef ou un Manager ?*
> *Quelles missions, quels objectifs, quelles tâches ?*
> *Pour combien de temps ?*
> *Le former en interne ou embaucher en externe ?*

Dans le choix final, la compétence sera essentielle. À Savoir et Savoir-Faire égaux, ce seront les Savoir-Être et l'Expérience qui feront la différence.

Et là, « l'ancien » du groupe n'est pas forcément le meilleur choix. Mais pas forcément le pire choix non plus.

> *Quels comportements (Savoir-Être) ai-je besoin de privilégier pour cette équipe ?*
> *Et si ce n'est pas une équipe, comment rendre ce groupe cohérent ?*
> *De quelles expériences « digérées » le nouveau Manager aura-t-il besoin pour gérer le changement provoqué par son arrivée et son installation ? Management (et non « gestion ») de conflits ? Management (et non « gestion ») du temps ? Management (et non « gestion ») de projet ?*

À poser toutes ces questions, il devient évident que l'équipe, si elle peut se choisir un Chef – souvent adoubé du fait de sa reconnaissance technique – ne peut à elle seule se choisir son Manager 4.x, quand bien même peut-elle participer à ce choix.

Dans tous les cas, rappelez-vous, pour permettre le passage de la posture Chef à celle de Manager 4.x, une formation adaptée sera indispensable.

Ici encore, privilégier l'équilibre en faveur de l'humain, manager, permet de conduire le changement avec plus d'efficacité que d'imposer une solution ou de « laisser faire » le temps et « les gens ».

9.B – Anticiper et miser sur l'humain !

Monsieur Jigogo Kano, 77 ans, 12eme dan de judo et coach d'un boxeur qui visait le Championnat du monde dans sa catégorie, disait à un journaliste, alors que son « poulain » était à terre : « On ne juge pas un homme sur le nombre de fois qu'il tombe, mais sur le nombre de fois qu'il se relève ».

Posons-nous à présent une question existentielle essentielle : comment mesurer sur un tableau de données à entrées multiples « la potentialité de quelqu'un » à « se relever » après un K.O., un échec ?
Nos sociétés supportent mal la notion d'échec. Fonctionnant sur un mode binaire – zéro ou un, oui ou non – elles ne savent surtout pas le gérer pour en tirer des leçons collectives. La valse des entraîneurs sportifs à la moindre série de matchs perdus est un symbole fort de cet état d'esprit. « On » n'analyse pas le pourquoi de la défaite, mais « on » désigne un bouc émissaire, « on » le jette, et « on » le remplace.

Sans justificatif plus évolué, plus construit, ce sont les « on » qu'il serait légitime de remplacer, et vite !

Nous le constatons quotidiennement, quand l'argent est aujourd'hui le moteur d'un projet, la logique des compétences – et la possibilité de progression des compétences – n'a pas forcément et préalablement la parole.

Le Manager 4.x

Pour la petite histoire, peu de journalistes, garants de l'expression – et du formatage – de l'Opinion publique, comprirent ce que le coach, Monsieur Jigogo Kano, voulut dire ce jour-là, et ils crièrent au miracle lorsqu'un autre combat donna au boxeur une aura mondiale.

Les remèdes individuels

Le vieux sage japonais, lui, ne gérait pas son élève, mais le manageait, le coachait. Il s'occupait de l'individu sous le technicien, sous l'expert, sous le boxeur. Une défaite, même sur K.O., n'exprimait en rien la capacité de celui-ci à apprendre, à analyser, à « digérer » le « pourquoi » de la défaite, à anticiper les conditions de la victoire, à s'entrainer plus et mieux, et à « rebondir » pour gagner !

Le vieil homme ne confondait pas gestion et management.

Le compte, mécanique, « des victoires et des défaites, multipliées du sous-ensemble des coups donnés et des coups reçus, pondérés par sa capacité physiologique à récupérer », tout ce fatras, c'est de la gestion, de la recette de mauvaise cuisine. Cela peut se traduire par une courbe de Gauss ou un « camembert » statistique, cela peut intéresser un parieur naïf, mais ne sera pas une garantie de gain.
La capacité de rebond de l'égo de son apprenti après une défaite, elle, ne se mesure pas dans un tableau de bord et, pourtant, c'est elle qui va permettre la victoire.

Nous sommes là dans le positionnement propre au Manager 4.x, de sa vision de la mission qui lui est confiée, et des moyens humains qu'il met en œuvre pour la réussir.
Cela peut aussi ressembler à un paradoxe : nous sommes aussi là dans le « mythe américain », dans l'image d'Épinal de l'entrepreneur tenace et capable de soulever des montagnes et de partir à la Conquête de l'Ouest. Sauf que c'est le résultat prévisible d'un Manager 4.x.

Un actionnaire – comme un parieur – devrait mesurer les compétences des Managers – ou des coachs sportifs –

avant d'investir – ou de parier – sur l'entreprise – ou le sportif – qu'il vise.
Mais voilà, encore faut-il investir un peu de temps dans cette affaire…

10 – Recommandation N° 5 : Développer votre intelligence émotionnelle

Le débat fait rage depuis une quinzaine d'années, autour des émotions, dans toutes les écoles psychologiques.

S'il est important d'en parler dans un livre sur le management, c'est pour deux raisons :
- En premier, nous communiquons majoritairement à travers nos émotions : les mots représentent 7 % de la communication, le ton de la voix 35 %, et le reste, 58 %, sont des éléments de communication émotionnelle.
    - Un « Leader » utilise d'abord les émotions pour communiquer. Ce sont elles qui « attirent » ses interlocuteurs et captent leur attention avant même qu'il ait ouvert la bouche. Elles sont la source de son charisme.
    - Nous sommes capables de travailler notre communication émotionnelle, et notre charisme, qui passe par l'émotion en elle-même, sa prise de conscience et l'expression de celle-ci.
- L'une des découvertes essentielles des années 1990-1995 a été celle du neurologue américain Antonio Damasio sur l'importance des émotions dans la prise de décision[30].
    - Les personnes atteintes d'un dysfonctionnement de leur « cerveau » émotionnel sont toujours capables de prises de décisions, mais celles-ci ne sont pas forcément rationnelles, y compris en perspective de leur propre survie. Freud et Descartes se sont trompés !

---

[30] Lire « *L'erreur de Descartes* » – Éditions Odile Jacob

10.A – Les émotions fondamentales

Des chercheurs français, comme Lelors et André[31], ont défini, plus tard, la notion d'une série d'émotions « fondamentales » qui nous aident à fixer notre attention sur les mécanismes de la communication émotionnelle.

- Une « émotion fondamentale » est un socle commun à l'ensemble de l'espèce humaine : quelles que soient la langue et la culture, nous sommes capables de déchiffrer la peur, par exemple, sur le visage de l'autre.
- C'est le même bouquet hormonal qui circule dans le sang des personnes qui ressentent cette peur.
- Si ce n'est pas pour la même chose (d'un bout à l'autre de la Terre, nous n'avons pas forcément peur des mêmes éléments), l'émotion est déclenchée par une cause unique. Dans le cas de la peur, une « menace », réelle ou virtuelle.
- Le masque de chaque émotion qui s'inscrit sur notre visage, notre attitude corporelle, est le même pour l'ensemble de l'espèce humaine. Nous savons donc le décoder, quelles que soient les langues et les cultures.
  - Ainsi, nous avançons dans une rue étrangère, et nous croisons une première personne qui semble avoir peur, puis une seconde, puis plusieurs autres et, sans en avoir vraiment conscience, nous nous trouvons mille et une excuses pour faire demi-tour et aller dans leur sens : nous ne savons pas quelle menace elles fuient, mais le plus sage paraît être dans la fuite, avant de rencontrer ce qui leur fait peur.

Si nous essayons de résumer ces différents éléments, nous trouvons allons pouvoir construire un tableau d'émotions « positives » ou « négatives » et leur déclencheur. Nous

---

[31] Lire « *La force des émotions* » – Éditions Odile Jacob

parlons d'émotions « - » ou « + » mais toutes ces émotions nous aident à survivre : elles sont des signaux d'alarme indicateurs d'un changement dans notre environnement.

Cause	Émotion « - »	Émotion « + »	Cause
Menace réelle - feu, explosion, attaque – ou virtuelle – le Chef est en colère, je dois intervenir dans la prochaine réunion…	Peur	(pas d'émotion spécifique)	(Sans menace : il ne se passe rien).
Menace trop proche – défense vitale – ou virtuelle – valeur trahie par l'autre	Colère	Zen	Toutes mes valeurs sont accomplies, je suis bien et moteur dans mon environnement.
Perte réelle – perte de l'être cher – ou virtuelle – perte de confiance en moi	Tristesse	Joie	Plénitude
Essentiellement, par stimulation des sens du goût, de l'odorat et de la vue	Dégoût	Plaisir	Stimulation positive générale des sens
Valeur collective trahie – le groupe nous fait honte (réel) ou nous avons honte par avance de trahir le groupe (virtuel)	Honte	Fierté	Accomplissement collectif valorisé par le groupe
Rejet de l'autre : je veux l'exclure et le/la détruire !	Haine	Amour	Acceptation totale de l'autre : je veux entrer en synergie.

Plusieurs éléments complémentaires pour mieux lire ce tableau :
- Ne négligez pas vos émotions « - » : je le répète, elles sont nécessaires à notre survie. Émotions « + » ou « - », elles sont des signaux d'alarme : ce n'est pas en niant que la sirène hurle que vous allez échapper à l'incendie. Nos émotions sont des déclencheurs d'action : identifiez-les et agissez !
- La Peur déclenche la mobilisation des jambes pour fuir la menace. Il y a menace ou pas : sans menace, il ne se passe rien. La Peur est la seule émotion qui n'a pas son « alter ego » positif.
- La Colère déclenche la mobilisation de nos trois armes principales (voix – poing/griffes – mâchoires) pour lutter contre notre adversaire. La Colère est la seule émotion disposant de deux déclencheurs différents : une menace physique trop rapprochée nécessitant de défendre sa vie, et une valeur, importante pour nous, et trahie par l'autre.
- Le « Zen » utilisé ici n'est pas contemplatif, bien au contraire. C'est le « Zen » japonais de l'écologie intérieure, avec les autres, avec notre environnement. Être en équilibre n'empêche pas d'être actif, et acteur… simplement pour pouvoir conserver cet équilibre.
- Plaisir et Amour sont deux émotions bien distinctes : on peut avoir du Plaisir sans Amour, de l'Amour sans Plaisir, ou les deux à la fois.
- Pour toutes ces émotions, la cause peut être réelle, ou virtuelle. Par exemple, je peux être triste « parce que j'ai perdu confiance en moi » ou parce que j'ai perdu un être cher. L'effet sera le même.

10.B – Émotion et Stress

Toutes ces émotions sont des constituants de ce qu'on appelle le Stress. Elles provoquent un état de tension interne qui, pour la plupart, nous pousse à l'action.

- Peur / Dégoût / ➔ Fuite ;
- Colère / Haine ➔ Attaque ;
- Honte / Fierté ➔ Changement de comportement social ;
- Zen / Joie / Plaisir / Amour ➔ Aller vers l'autre, accueillir l'autre ;

Seule la Tristesse provoque une perte de tonicité.
Mais c'est pour mieux montrer aux autres… que nous avons besoin d'eux.

Dans tous les cas, il est préférable d'exprimer ses émotions que d'accumuler du « stress » en soi : les autres, puis vous-même vous en seront reconnaissant.

Un « Chef en colère » n'est pas un problème en soi s'il sait expliquer quelle est la valeur trahie par son équipe qui l'a mis en colère. Celle-ci changera alors ses comportements pour mieux le satisfaire.

Et faites aussi confiance à votre équipe pour faire la différence entre l'expression d'une émotion, puis son explication, et la manifestation du « Syndrome de la Patte Molle » !

Si développer sa communication émotionnelle est essentiel au Leader, développer son intelligence émotionnelle est une donnée de vie (Moi) et un outil majeur pour le Coach et le Manager 4.x.

134 Le Manager 4.x

11 – Recommandation N° 6 : Manager son temps

Les techniques de gestion du temps sont multiples, alors que toutes les entreprises, tous les Managers, tous les Chefs, se cassent les dents sur le sujet.
Il y a donc quelque part quelque chose qui ne va pas...

Mais les chiffres sont là : les Français travaillent plus et plus longtemps que les Allemands et les Anglais. Les cadres affichent plus de soixante heures par semaine. Les techniciens et ouvriers trente-six à trente-sept.

11.A – La gestion du temps ? Quelles sont vos priorités ?

Simplifions tout d'abord la solution au problème : le Manager 4.x va tirer son épingle du jeu plus facilement que l'organisation ou le Chef, puisqu'il va jouer avec les priorités et en adapter les effets à son équipe.
Il ne va pas « perdre son temps », mais « investir du temps »
C'est la clé essentielle de la gestion du temps.

L'une des grilles d'analyse des priorités les plus efficaces est celle dite d'Eisenhower : quatre entrées, et un classement des priorités, de un, à quatre.

	Importance +	Importance -
Urgence +	++ (1)	– + (3)
Urgence –	+- (2)	-- (4)

L'importance étant plus importante que l'urgence, vous disposez devant vous de quatre bannettes et vous répartissez vos documents à traiter en fonction de cette grille.

Le Chef va tenter de tout traiter dans un ordre où tout est urgent, du « 1 au 1 ».
Mais les Managers 4.x vont travailler autrement :
- Ils se chargent du niveau « 1 » ;
- Ils organisent une réunion de travail pour gérer les niveaux « 2 » ;
- Ils délèguent le niveau « 3 » à leur assistante ou à un adjoint ;
- Et ils transmettent le niveau « 4 » à leur Tutoré ou à l'un de leurs subordonnés, pour étude. Ou finalement font un « classement vertical » de la chose.

Non seulement ils gagnent du temps, valorisent leurs collaborateurs, mais ils peuvent s'occuper plus à fond de dossiers importants, de niveau « Important et Urgent ».

Si la solution est simple (à ne pas confondre avec « simpliste »), qu'est-ce qui fait que la gestion du temps est un problème ?

Ici encore nous nous heurtons à des idéologies patronales obsolètes et des structures d'entreprises qui sont totalement dépassées par l'évolution du monde, des techniques et des besoins.

La pointeuse dans les toilettes

J'ai vécu une histoire édifiante, il y a quelques années. Elle est l'illustration symptomatique d'une obsolescence organisationnelle, des idéologies létales en exercice autour de la gestion du temps, et de l'émergence de nouvelles attentes des personnels et des clients…

Prenez une grande banque française et son centre d'appel spécialisé. Celui-ci avait été « relocalisé » en France après

une installation de plusieurs années en Afrique : les clients se plaignaient du manque de qualité du service et du manque de professionnalisme des réponses obtenues.
Ils n'étaient pas satisfaits par cette prestation.

Pour répondre à cette attente, les nouveaux téléconseillers étaient tous des « Bac+3 », pour le moins.
Ils bénéficiaient d'une formation technique importante et continue, et l'équipe – 30 jeunes contre 200 opérateurs en Afrique – obtenait d'excellents résultats lors des sondages clientèle.
Taux maximum de satisfaction client.

Mais dès le premier trimestre de fonctionnement, des jeunes opérateurs démissionnent. La grogne est importante dans l'équipe et menace de se transformer en revendications.
Malgré quelques aménagements des conditions de travail, le « turn-over » reste trop sensible et, en permanence, il est nécessaire de repartir à zéro avec des jeunes non formés alors que les « anciens » trouvent facilement du travail « ailleurs ».
Perte de temps, d'énergie, de compétences et de qualité.

L'entreprise cherchant du sens à cette contradiction me fait intervenir.
En une matinée, le problème était résolu.
Je me place en double écoute : les clients posent des questions compliquées. Les jeunes maîtrisent les techniques de communication téléphonique et les produits bancaires. Leurs réponses sont pertinentes et le client raccroche satisfait.

Mais je constate très rapidement que les opérateurs ne sont pas contents de leurs conditions de travail. D'un côté, ils considèrent avoir une autonomie professionnelle intéressante : ils apprécient l'impact de leurs compétences métiers sur leurs relations avec les clients. Mais immédiatement, après, ils se plaignent que les « superviseurs » les « maternent » trop, et surtout les « infantilisent ».

Je vais à la rencontre de « superviseurs » qui déclarent être confiants dans leurs équipes et fiers de leurs résultats. Ils sont, eux aussi, expérimentés et formés au « coaching d'écoute » qui se pratique dans la profession et les relations clients à distance.

À un moment donné – pardonnez-moi la suite de cette histoire, mais elle me semble assez exemplaire – je vais aux toilettes.
Je suis dans les toilettes depuis quelques minutes quand une sirène, type incendie, assez violente, se déclenche. Il semble n'y avoir aucune panique sur le plateau, mais bientôt, j'entends plusieurs personnes entrer dans les toilettes, et, comble de la confusion, je comprends qu'ils attendent que je sorte.

Je tombe des nues : j'apprends qu'une badgeuse est installée dans les toilettes, et que « si l'on pense avoir besoin de plus de deux minutes trente secondes » d'utilisation des dites toilettes, il est obligatoire de « dépointer »… En cas « d'infraction », la sirène se déclenche et les superviseurs viennent rappeler les règles et sanctionner le « contrevenant » !
Et pour légitimer le tout : « Même les syndicats sont d'accord ! »

Ce n'était que la partie émergée d'un iceberg managérial délétère.
Nous avons eu une grande discussion, avec mise au point sur les contradictions évidentes – pour moi – entre les besoins et attentes de personnels autonomes, compétents, formés, à l'initiative, et des pratiques dignes du XIXe siècle ! Nous avons parlé de la différence entre Chef et Manager 4.x, et des besoins en management des personnels de ce siècle.

La « badgeuse des toilettes » a été supprimée peu après, mais conditionnés par leurs habitudes et leurs formations,

par les traditions des « centres d'appels », les « superviseurs » ne sont pas tous passés au rang de Manager 4.x.
Et le turn-over continue à leur montrer que les besoins de leurs téléconseillers sont ailleurs.

11.B – La France et le temps de travail…

Si la France était cohérente avec le temps de travail, le télétravail, par exemple, avec d'excellents résultats productifs, aurait une place beaucoup plus importante dans la gestion des entreprises.
Mais voilà…
De fait, dans certaines entreprises, il est toujours de « bon ton » de ne pas partir avant 19 h, ou même 20h, sous peine de se voir montrer du doigt et dévaloriser.
De fait, dans votre entreprise, envisagez un temps partiel et vous serez sûr que votre carrière n'avancera plus.
De fait, prenez vos RTT, vos congés parentaux, votre droit à la formation, et même vos vacances et, au retour, on vous fera comprendre…. qu'il ne fallait pas partir !

Des pratiques qui ne sont pas loin de celles dénoncées dans le harcèlement moral, mais qui sont quotidiennes…
À cela s'ajoute un combat idéologique centré sur les 35 h, accusées de tous les vices et de leur contraire.

Combien de fois doit-on le répéter : le problème n'est pas le temps que nous passons au travail, mais ce que nous faisons de ce temps de travail !

Le « fini-parti » des éboueurs marseillais était une bonne idée : retourner chez soi quand on a fini sa mission.
La notion de mission était prépondérante.
Cette aventure s'est terminée au tribunal en avril 2014, sur plainte de la Cour des comptes régionale, avec une décision – contre-productive – de « retour en arrière » sur des bases de paiement horaire. La cour des comptes a estimé que le

« fini-parti » aboutissait à une présence journalière de 3h30, soit « la moitié du temps de travail légal »[32].
« Le nouveau plan propreté adopté par la communauté urbaine de Marseille devrait conduire à une augmentation du temps de travail des agents à 7h30, avec un temps de collecte compris entre 5h et 6h30, et deux tournées voire trois si nécessaire ».
Entre logique managériale productive et dogme, c'est encore le dogme qui a gagné, sous prétexte d'abus de quelques-uns…

11.C – La loi du 80/20 !

Nous sommes englués dans une bataille idéologique d'un autre temps qui n'a rien à voir avec la réalité : un salarié, payé sur la base d'un forfait horaire, et non de l'exercice de ses compétences, se doit d'être présent quand bien même il n'aurait rien à faire !
À disposition du Chef.

Et pour imposer les règles, « on » joue avec les limites : « on » supprime les jeux sur les PC[33], « on » équipe les gens de GPS rétroactifs, de capteurs de position, et même de capteurs de mouvements ! « On » est à la limite de l'intrusion dans les mails, les écoutes téléphoniques, les caméras de surveillance, et « on » dépasse ces limites avec des puces électroniques injectées sous la peau.

La pression intense exercée sur la gestion du temps des salariés est absurde : nul n'est efficace à 100 % de son efficacité 100 % du temps. Au contraire, c'est le triomphe de la loi du 80/20 : nous sommes efficaces à 80 % de notre efficacité 20 % du temps !

---

[32] Voir le livre de Pierre Godard avec le sociologue André Donzel aux éditions Syllepse, *Eboueurs de Marseille, entre luttes syndicales et pratiques municipales*.
[33] Plusieurs études du CNRS ont montré une perte de productivité immédiate et durable – voir sur leur site.

Ces dernières années, des études ont constaté un peu partout dans le monde que les salariés ayant accès à Internet utilisaient ce droit de plus en plus à titre personnel : jusqu'à 45 % du temps. La réponse consistant à couper les accès au net a montré ses limites : les pertes de productivité ici encore, sont immédiates et spectaculaires[34] ! Tous simplement parce que vous n'oubliez pas tout en entrant dans l'entreprise, qu'il y a un monde et une vie en dehors de l'entreprise, parce que la perte de sens à l'intérieur de l'entreprise a pris des proportions jamais atteintes.

Du coup, certaines organisations l'ayant compris, les « conciergeries » se multiplient aux pieds des tours, permettant de déposer ses listes de courses, son linge à laver et repasser, et même ses enfants.

Mais pour toutes les autres, comme pour les organisations patronales les plus militantes, nous sommes restés au XIXe siècle… Et les plaintes pour harcèlement se multiplient un peu partout.

Quelle tristesse, que de dégâts, alors que nous devons nous préparer et construire ce que certains appellent les « entreprises 4.0 » : des entreprises qui pourront adapter leurs productions non seulement aux besoins des consommateurs, mais aussi à leurs attentes. Avec une adaptation à chaque groupe cible local et cela dans des délais des plus restreints : avant que la concurrence ne s'en empare !

Le « Syndrome de la Patte Molle » a encore de beaux jours devant lui…

---

[34] Voir les études du CNRS

Le Manager 4.x

12 – Pour conclure…

Dans la logique de ce livre, ce n'est pas moi qui vais conclure, mais vous : êtes-vous « contaminé » par le Syndrome de la Patte Molle ? Êtes-vous convaincu de vouloir sortir du carcan du petit Chef pour évoluer vers le Manager 4.x ?

Si vous en êtes d'accord, reprenons le petit exercice d'analyse de vos pratiques que vous avez rempli plus avant.
Vous avez identifié des déséquilibres et des manques, en réalité des axes de progrès potentiels.

Classez-les selon un ordre de priorité que vous devez définir : du plus simple au plus complexe, ou inversement. Du plus urgent au plus essentiel, ou inversement.
L'important est de choisir ceux qui vous permettront de changer rapidement. Votre décision est curative.

Bien entendu, il vous faut transformer ces éléments en objectifs SMARTE, exprimés avec des verbes d'action.

> SMARTE
> **S**imples (l'énoncé est compréhensible du premier coup…) ;
> **M**esurables (quels sont les éléments de mesure ?) ;
> **A**daptés (à la situation, au contexte, à vos moyens…) et **A**mbitieux (ils représentent un progrès à atteindre) ;
> **R**éalistes (ne vous envoyez pas « dans le mur »…) ;
> **T**emporisés (quelle échéance ? Quelles étapes de contrôle ?) ;
> **É**thiques (ne faites pas faire par d'autres ce que vous ne voudriez pas faire vous-mêmes)

Soyez réaliste (R), mais ambitieux (A) avec vous-même : faites-vous confiance pour réussir.

L'outil suivant peut-être une aide à cette expression.

(Casquette)	Objectif	Délais	Contrôle
Savoir			
Savoir-Faire			
Savoir-être			
Expérience			
Bilan obtenu			

Ne tentez de changer qu'un seul rôle à la fois.
Entrainez-vous à réussir avec vous-même et notez vos victoires en notant le temps passé par rôle.
Rebondissez en cas d'échec : l'objectif était-il réaliste ? Bien formulé ? Bien adapté ? Comment le reformuler ?

Allez-y ! L'humain a toujours du potentiel, des réserves inexploitées.

Prenez votre vie professionnelle en main : vous avez des compétences, et vous pouvez les développer !

Et si votre entreprise ne vous en remercie pas, changez-en, ou créez la vôtre : comme Manager 4.x, vous disposez de tous les outils et de toutes les compétences nécessaires !

13 – L'AUTEUR

Alain Avanthey est consultant formateur senior, coach certifié, spécialiste en ingénierie de formation, management, communication, et développement personnel.

Romancier, photographe, il a publié plusieurs ouvrages professionnels de référence sur l'intégration des nouvelles technologies dans les entreprises et la transmission des compétences par le tutorat.

Autodidacte, il « fabrique » des formations originales depuis plus de trente ans pour des publics très différents.

Il a commencé sa carrière avec des jeunes en difficulté dans des cités comme Trappes ou Les Mureaux, en région Parisienne, et travaille aujourd'hui pour de grandes entreprises, dans des secteurs aussi différents que l'industrie nucléaire ou automobile, la chimie et le pétrole, mais aussi les services (assurances, banques, mutuelles…), les associations et les collectivités territoriales.

Retrouvez Alain Avanthey sur Viadeo, Linkedin, Facebook, et sur son site : www.ethimac.fr

14 – BIBLIOGRAPHIE DE L'AUTEUR

Bibliographie professionnelle :
2 018 – « Le Manager 4.x » – Éditions Amazon.fr
2014 – « Le Syndrome de la Patte Molle » - Éditions Amazon.fr
2014 – « La dynamique du Tutorat – Les passeurs de compétences » - Éditions Le Manuscrit
2 007 – « Tuteurs en entreprises » – Éditions Le Manuscrit
1 992 – « Les clés d'une communication réussie » – Éditions Dunod
1990 – « Créer son serveur télématique » – Éditions Clet-Dunod

Bibliographie romanesque :
2001 – « Échec à la Dame Brune » (épuisé)
2007 – « L'Ange maudit » – Éditions Le Manuscrit
2015 – « La trilogie de Noirmoutier »
    Vol.1 – « Hestia »
    Vol.2 – « Gwenn »
    Vol.3 – « Blue »
    Éditions Amazon.fr

TABLE DES MATIÈRES

INTRODUCTION 3

1 – À L'ORIGINE… 7

2 – MANAGER ? 11
    2.A – Un mot composite. 11
    2.B – L'Impasse des Idées Reçues. 11
    2.C – Le Manager ? Un couvre-Chef ! 13
    2.D – Le retour des Leaders ! 21
    2.E – Le Charisme s'apprend. 25
    2.F – La machine à perdre française ! 28

3 – LA NOUVELLE DONNE DES COMPORTEMENTS. 37

4 – LE MANAGER 4.X 41
    4.A – Six casquettes pour les manager tous. 43
    4.B – Casquette N° 1 : « Moi » ! 44
    4.C – Casquette N° 2 : « le Leader » ! 46
    4.D – Casquette N° 3 : le CHEF 49
    4.E – Casquette N° 4 : le MANAGER 50
    4.F – Casquette N° 5 : le COACH 52
    4.G – Casquette N° 6 : L'ÉCLAIREUR. 53
    4.H – Un « bon » Manager 4.x ? 55

5 – LE « SYNDROME DE LA PATTE MOLLE » 61
    5.A – Un syndrome de sept symptômes 61
    5.B – L'exemple du nouveau Chef. 62
    5.C – En résumé, les sept symptômes : 82
    5.D – Les remèdes. 83
    5.E – Soyez pro ! 88

6 – RECOMMANDATION N° 1 : MOTIVER ! 89
    6.A – Garder la motivation ! 89
    6.B – Trouver le juste équilibre… 90
    6.C – La crise de gouvernance : une crise de management ! 93

7 – RECOMMANDATION N° 2 : DÉVELOPPER LES COMPÉTENCES 97
    7.A – Une logique système dépassée ! 98
    7.B – Redéfinir la compétence ! 100

7.C – Les trois marqueurs principaux de la compétence......................101
7.D – La « compétence » : 4 piliers. 104
7.E – Compétence et incompétence 106
7.F – Délégation et Compétence 109
7.G – Développer les compétences c'est vivre et survivre ! 111

8 – RECOMMANDATION N° 3 : DONNER DU SENS 113

8.A – Cadres ou Managers 4.x ? 113
8.B – Développer les Managers 4.x de proximité. 115
8.C – L'Agent de Maîtrise Manager 4.x ? 115
8.D – Les trois remèdes de base... 117

9 – RECOMMANDATION N° 4 : MANAGER NE S'IMPROVISE PAS !.. 121

9.A – Cinq actions structurantes..121
9.B – Anticiper et miser sur l'humain !..126

10 – RECOMMANDATION N° 5 : DÉVELOPPER VOTRE INTELLIGENCE ÉMOTIONNELLE.. 129

10.A – Les émotions fondamentales 130
10.B – Émotion et Stress..132

11 – RECOMMANDATION N° 6 : MANAGER SON TEMPS 135

11.A – La gestion du temps ? Quelles sont vos priorités ?..................135
11.B – La France et le temps de travail...139
11.C – La loi du 80/20 ! 140

12 – POUR CONCLURE... 143

13 – L'AUTEUR.. 145

14 – BIBLIOGRAPHIE DE L'AUTEUR 146

TABLE DES MATIÈRES 147

Crédit photo, schémas, exercices et couverture © Alain Avanthey

www.ingramcontent.com/pod-product-compliance
Lightning Source LLC
Chambersburg PA
CBHW071549220526